LE
BANQUEROUTIER DU JOUR,
COMÉDIE
EN TROIS ACTES ET EN PROSE.

IMPRIMERIE DE BRASSEUR AINÉ.

LE
BANQUEROUTIER DU JOUR,
COMÉDIE

EN TROIS ACTES ET EN PROSE,

Précédée d'une Seconde Edition

DES

RÉFLEXIONS SUR L'ART THÉATRAL,

Sur les Causes de sa Décadence, et sur les Moyens à employer pour ramener la Scène Française à son ancienne splendeur,

ET

D'UNE NOTICE HISTORIQUE

Sur un Comité de Lecture,

faisant suite à ces Réflexions ;

PAR ALEXANDRE RICORD FILS (DE MARSEILLE).

A PARIS,

Chez L'AUTEUR, à l'Agence générale, civile, judiciaire, contentieuse, et Correspondance des Théâtres, rue Tiquetonne, n° 14 ;

Et DELAUNAY, Libraire, Palais-Royal, galerie de bois.

1812.

QUELQUES RÉFLEXIONS SUR L'ART THÉATRAL.

L'INFLUENCE de la comédie sur les mœurs et sur le goût d'une grande nation est d'une trop haute importance pour qu'elle ne fixe point l'attention de son gouvernement, et qu'elle n'excite pas l'émulation et des amis des arts, qui la font prospérer et considérer, et de tous ceux qui prennent intérêt à son bonheur et à sa gloire.

Le théâtre prit naissance et se perfectionna chez le peuple qui s'est le plus distingué par sa civilisation, son courage, sa législation et son amour pour la vraie gloire. Les Grecs furent moins conquérans que les Romains;

mais ils furent plus grands quand ils défendirent leur patrie, plus sages dans leur politique, et plus profonds dans les arts qu'ils créèrent, et dont les Romains n'ont été souvent que les faibles imitateurs : les Romains furent les dévastateurs du monde; les Grecs en ont été les législateurs.

Les Athéniens considéraient l'art théâtral; ils honoraient les comédiens; plusieurs acteurs occupèrent des emplois importans, et il y en eut même qui furent nommés ambassadeurs : à Rome l'état de comédien était méprisé, et Cicéron, dans son plaidoyer en faveur du célèbre Roscius, plaint un si honnête homme d'exercer un métier si peu honorable... D'où vient cette différence? C'est que dans Athènes le théâtre était regardé comme une école publique qui devait être utile au gouvernement et aux mœurs; que les acteurs étaient des citoyens instruits qui offraient aux spectateurs les belles actions des hommes qui avaient illustré leur pays, et que dans Rome le théâtre était consacré à amuser le peuple, à le distraire des affaires publiques, et un moyen dont les ambitieux se servaient pour le séduire. Les acteurs n'étaient donc que des êtres avilis, regardés par les Romains comme les suppléans des gladiateurs, et ce qui le prouve c'est qu'on les traitait comme les esclaves quand ils mécontentaient le public.

Il est vrai que la comédie ne fut d'abord dans Athènes que des satires en action, et que l'on nommait les personnages que l'auteur voulait livrer à la risée du public; c'était même un moyen pour attirer la haine générale sur ces mêmes personnages. Les magistrats défendirent cette licence; alors les auteurs y suppléèrent par des masques qui offraient les traits de ceux que l'on voulait représenter, et par des vêtemens semblables à ceux qu'ils avaient habitude de porter. Les spectateurs mettaient de l'amour-propre à deviner celui qu'on voulait traduire devant eux, et c'est de cette manière qu'Aristophane présenta le sage Socrate sur la scène grecque, dans la comédie des *Nuées* : Socrate assista debout à la représentation de cette pièce sans donner aucun signe d'improbation, et sans que le calme de son visage en fût altéré.

Les Athéniens réprimèrent enfin l'audace des auteurs, et ils devinrent si sévères à cet égard, surtout pour les traits qu'on lançait contre les organes des lois, qu'*Anaximan-*

drite fut condamné à mort pour avoir parodié un vers d'Euripide dont voici le sens :

La nature l'a voulu; elle ne se soucie point de la loi. Anaximandrite substitua le mot *magistrat* à celui de *nature*, et dit : *Le magistrat l'a voulu; il ne se soucie point de la loi.* Cette rigueur est une preuve du respect que les Grecs avaient pour leur gouvernement.

La comédie prit sa troisième forme, et il y eut alors intention dans l'action, régularité dans le plan, et une pièce dramatique fut soumise à des règles fixes.

Les auteurs romains empruntèrent toute la licence du théâtre grec sans en prendre toutes les beautés. Plaute et Térence furent les imitateurs d'Aristophane et de Ménandre; mais aucun auteur tragique latin n'approcha de Sophocle, car il y a bien loin du sublime de la tragédie grecque aux déclamations de Sénèque.

Quoique César fasse un cas distingué des talens de Térence, il rend justice à la supériorité du théâtre grec, et particulièrement à Ménandre. Voici ce qu'il adresse à Térence :

Tu quoque, tu in summis, ô dimidiate Menander!
Poneris et merito, *etc.*

On voit qu'en classant Térence parmi les écrivains qui illustraient la scène romaine, César s'écrie : *Et toi, demi-Ménandre!* etc. N'est-ce pas faire le plus brillant éloge de l'auteur grec ?

Auguste bannit de Rome et de toute l'Italie le comédien Pilade, qui avait fait remarquer, en le montrant du doigt, un citoyen qui le sifflait. Après son règne l'avilissement fut à son comble dans cette cité célèbre; des magistrats, après avoir assisté à des spectacles de la dernière indécence, tels que la pantomime de *Pasiphaé,* dont l'affreux Néron se disait l'auteur, se dégradaient en allant accompagner les comédiens jusqu'à leur maison. Cette bassesse, cet oubli de toute dignité étaient le résultat de la lâcheté que les grands avaient de flatter la folie de cet exécrable souverain, qui faisait ses camarades et ses favoris des plus abjects histrions.

Quand la Grèce, subjuguée, perdit sa splendeur et ses beaux-arts; quand Rome redevint barbare sous les monstres qui s'intitulaient souverains, l'art dramatique et l'art théâtral furent entraînés par le torrent qui inonda l'Europe et la couvrit des ténèbres de l'ignorance : ce ne fut que plusieurs siècles après qu'ils reprirent une forme régulière en France, sous le règne de Louis XIII, par les soins et la protection que leur accorda le cardinal de Richelieu.

La comédie Française, que l'on doit regarder comme le sanctuaire de Thalie, ne date que de l'année 1680. Cette année-là Louis XIV réunit en une seule troupe les deux théâtres qui existaient à Paris, et ordonna par une lettre de cachet, au lieutenant-général de police de la Reynie, de ne permettre l'établissement d'aucune autre troupe.

Paris fut donc le berceau de la comédie moderne, comme Athènes avait été celui de la comédie ancienne. Les compagnons de Molière étaient des citoyens recommandables, appartenant à des familles honnêtes et estimées. Les mœurs et les usages de Paris ont bien plus de rapport avec ceux d'Athènes qu'avec ceux de Rome; le caractère français se rapproche de celui des Grecs, et cependant le comédien n'a jamais été considéré en France; la religion le frappait d'anathême, et il n'était admis chez les grands que comme un bouffon qui devait être honoré de servir à leurs amusemens : si depuis quelques années le préjugé religieux paraît endormi, l'usage maintient encore l'espèce d'humiliation que l'on a attachée à cette profession, et l'on continue d'être injuste envers les comédiens, parce que l'on ne porte pas assez d'attention à l'utilité dont ils peuvent être, et que l'on néglige les moyens de faire servir l'art théâtral au profit des mœurs de la nation.

Ce préjugé contre les acteurs prend sa source dans l'inconduite de la plupart d'entre eux, et particulièrement dans celle des actrices; mais combien l'homme qui, au milieu de ces exemples de perversité, et, témoin de cette réunion de vices, conserve des mœurs pures, tient une conduite estimable, et se distingue par les qualités du cœur et la décence de l'esprit, doit inspirer d'intérêt! Combien la considération des personnes honnêtes lui est due, et qu'on serait injuste de le repousser de la société des gens de bien!

L'amour-propre excessif que la plupart des comédiens manifestent, l'importance qu'ils se donnent à eux-mêmes plutôt qu'à leur art, peuvent être encore des causes de ce préjugé, ou du moins elles ont servi à le maintenir : il était aussi ridicule d'entendre Michel Baron dire avec emphase *que l'on voyait un César tous les siècles, et qu'il fallait deux mille ans pour faire un Baron,* que de voir un gentilhomme, valet-de-chambre de Louis XIV, se refuser à faire le lit du monarque avec Molière, parce qu'il était comédien.

Les Anglais, qui sont à la France (quant à l'art théâtral) ce que les Romains étaient aux Athéniens, dont les usages, les mœurs et les spectacles ont plus de ressemblance avec ceux de Rome qu'avec ceux d'Athènes, considèrent leurs acteurs, distinguent et se font gloire d'estimer ceux qui sont irréprochables et qui ont des talens. Si l'on osait hasarder une conjecture qui ne serait pas à notre avantage, l'on pourrait indiquer l'explication de cette contradiction entre leur conduite et la nôtre envers les comédiens dans l'amour que les Anglais portent à leur patrie; amour qu'ils ont en vue, comme les Grecs, dans le perfectionnement des arts, dans les progrès des sciences, dans le commerce comme dans les armées; tandis que le Français n'est vraiment citoyen qu'au champ de Mars, et que nos artistes n'ont souvent d'autre mobile que leur orgueil, comme nos négocians d'autre divinité que Plutus. Les Romains n'eurent ce patriotisme sacré que pendant le temps de la république, et ils le perdirent à mesure qu'ils devinrent riches et corrompus.

Quel siècle étonnant que celui de Louis XIV ! Quelle réunion de grands hommes dans tous les genres ! Tout fut favorable au génie ; les querelles de Port-Royal avec les Jésuites, les disputes de Perrault avec Boileau et les partisans des anciens, la censure intéressée de l'éloquent Bossuet contre l'illustre Fénélon, enfin toutes les petites factions, qui n'avaient d'autres armes que la plume pour se combattre, tournèrent au profit des arts. La médiocrité, il est vrai, inondait et la cour et la ville de ses écrits monotones ; mais au milieu de cette profusion littéraire s'élevèrent les productions profondes et sublimes de la sagesse et de la raison ; et si les écrivains célèbres de ce siècle mémorable travaillèrent plus pour la gloire de la nation que pour son bonheur, ils la portèrent à son dernier période.

Corneille et Molière posèrent les limites de l'art dramatique, et ces deux grands poëtes, ces deux profonds philosophes, nous donnèrent la supériorité sur la comédie des anciens.

La fin du règne de Louis-le-Grand ternit la gloire du souverain sans rembrunir celle de la nation : un prêtre vindicatif et une femme ambitieuse déshonorèrent ce monarque en lui faisant partager leur haine et leur vengeance.

L'art dramatique n'a fait que décliner ; mais l'art théâtral s'est maintenu et perfectionné depuis lors.

Un prince doué de grands talens, de qualités brillantes, qui eût été philosophe s'il fût né moins près du trône, laborieux, ami et protecteur des sciences et des arts, qu'il cultivait avec succès, mais trop avide de nouveautés, trop facile à croire ceux qui flattaient, par des plans plus séduisans que solides, son désir de changer les institutions faites par Louis XIV ; ce prince, dis-je, adopta inconsidérément un système de finances conçu par un étranger plus jaloux d'acquérir la réputation d'un homme extraordinaire que de relever le crédit et la fortune de l'Etat. Les suites de ce désastreux système produisirent un bouleversement total dans les fortunes, changèrent les idées et les usages de la nation, et portèrent le coup le plus funeste à sa moralité. Philippe d'Orléans, régent pendant la minorité de Louis XV, fut donc, malgré ses lumières et sa politique, la dupe d'un intrigant subalterne, qui acheva de ruiner le trésor public et les familles les plus considérées ;

sans s'enrichir lui-même ; les esprits se tournèrent vers la cupidité ; l'émulation pour les sciences fut paralysée ; les emplois et les honneurs furent accordés aux richesses ; la décence et la probité devinrent des ridicules, et il y eut une égalité de vices qui rapprocha tous les états et confondit tous les rangs.

L'indolence et les profusions de Louis XV aggravèrent le mal, et les canaux des finances, détournés par les traitans impunis, ne pouvaient plus fournir aux énormes dépenses des princes et de leurs favoris.

La corruption du goût et des mœurs se fit encore plus sentir sous le règne suivant. L'on vit des princes du sang prendre les plus vils déguisemens, et reproduire dans Paris les scènes nocturnes et scandaleuses qu'offrit Néron à Rome en attaquant les passans dans les rues pour les dépouiller. Le théâtre Français fut presque abandonné, et Nicolet était obligé de donner deux représentations par jour sur son théâtre des boulevarts, où *Jeannot-Volange*, digne prédécesseur de *Jocrisse-Brunet*, amusait ses illustres auditeurs : ce théâtre fut bientôt le rendez-vous des jeunes gens, entraînés par ces exemples pervers, et attirés par les femmes prostituées qui composaient la société ordinaire des méprisables successeurs de ces princes polis qui donnèrent jadis le ton de la décence et de la vraie noblesse à toutes les cours de l'Europe.

Au milieu de cette dépravation effrayante l'art dramatique rétrogradait d'une manière très-sensible. Le langage spirituel, mais trop recherché, de Marivaux fut substitué au dialogue naturel, et devint un modèle séduisant et funeste pour les auteurs qui l'ont suivi. On l'imitait avec de l'esprit; mais le génie seul peut approcher de la sublime vérité du langage de Molière, et pour saisir cette vérité il faut une étude constante et profonde de la société; étude trop difficile et trop gênante pour les jeunes et présomptueux auteurs, qui se croient de grands hommes dès leur entrée dans le monde.

L'art théâtral s'était soutenu malgré ce désordre, et il était même dans sa splendeur; *Préville, Lekain, Brizard, Molé, Desessart, Bellecourt, Larive, Dugazon* (1), *Dazin-*

---

(1) La perte de *Dugazon* et celle de *Dazincourt* sont irréparables. Ces deux artistes distingués possédaient l'ancienne tradition des rôles de leurs emplois, tradition inconnue à ceux qui prendront leurs places,

court, *Naudet, Fleury, Talma, Monvel;* Mmes *Duménil, Clairon, Joly, Saintval, Contat, Devienne*, étaient incontestablement supérieurs à *Baron*, qu'on nomme encore le *Roscius* français, à *Sarrazin, Lanoue, Poisson,* et à mesdames *Champmelé, Lecouvreur,* etc., et formaient une réunion, un ensemble de talens qu'il faut avoir vu pour juger sainement l'art théâtral.

Depuis l'époque de la révolution française (1789) l'art théâtral a déchu, et il a suivi la décadence de l'art dramatique.

C'est à cette époque que, pour la première fois en France, le bourgeois, le marchand et l'artisan prirent part aux affaires publiques, et cette classe, qui jadis était presque étrangère au spectacle, devint la seule qui eût la faculté d'y aller; elle s'y porta avec ardeur et en prit l'habitude.

---

mais qui ne les remplaceront pas... Pourquoi un comédien recommandable, qui a déjà fait preuve de talent sur le théâtre Français, y ayant doublé *Dugazon* pendant plusieurs années, M. *Fusil*, qui connaît cette ancienne tradition, et qui réunit à ces avantages des qualités et des mœurs estimables, n'a-t-il pas été rappelé par ses anciens camarades pour remplir une place qu'il paraissait équitable de lui rendre?

Cette affluence de spectateurs fit ouvrir des petits théâtres qui s'adonnèrent au genre qui devait plaire à des gens dont il fallait émouvoir les sens et non intéresser l'esprit : les sentences de Voltaire même ne furent plus assez fortes pour exciter une multitude qui, acteur et témoin de scènes extraordinaires, trouvait mesquin et mauvais tout ce qui ne portait pas leur caractère.

La comédie est le genre qui a le plus souffert, parce qu'il est le plus naturel, et qu'il faut beaucoup de finesse dans l'esprit et connaître parfaitement le monde pour y réussir, tandis qu'avec de l'imagination l'on peut faire une tragédie : l'on conviendra que la tragédie s'est soutenue dans une médiocrité honorable, et que la comédie est dans le plus grand dépérissement.

Les faiseurs de pièces de théâtre ne travaillent pas toujours pour la gloire; et, pour complaire au nouveau public, des hommes, qui peut-être eussent été des auteurs distingués, s'adonnèrent à un genre monstrueux, destructeur de tout talent. Les invraisemblances, les cavernes, les fantômes, les chaînes, les voleurs, enfin toutes les ridicules horreurs des romanciers anglais furent mises à contribution, et valurent à ces auteurs, sinon de l'honneur, du moins beaucoup d'argent. Le mélodrame a porté peut-être un coup mortel à la bonne comédie et à l'art théâtral.

L'on a supprimé les petits spectacles pour arrêter ce désordre; mais le résultat de cette mesure est contraire à l'amélioration que l'on s'était proposée, et agrave le mal au lieu d'y remédier.

Les directeurs de comédie, qui n'ont plus de concurrens à redouter dans les départemens, composent des troupes misérables, dénuées de talens, et ne font représenter que des mélodrames et des fadaises des Variétés. Ils excluent de leur répertoire la comédie et la tragédie par deux motifs bien puissans, et les voici : le public, accoutumé à des spectacles extraordinaires, ne se porterait point en foule aux chefs-d'œuvres du théâtre Français, et l'avide lésinerie des directeurs leur défend de payer des acteurs capables de les jouer. Ainsi l'art se perd et le goût se corrompt.

L'art, parce que la comédie et la tragédie ne se jouant qu'à Paris, et les théâtres des départemens étant abandonnés aux mélodrames et aux niaiseries de Brunet, il est impossible que, comme par le passé, des élèves s'y forment; et, avec le petit nombre des artistes distingués (1) qui soutiennent encore la scène française, s'éteindront l'ancienne tradition des rôles qui composent le fonds de son répertoire, et les modèles sur lesquels pourraient se former de nouveaux acteurs.

Le goût, parce que le bourgeois, le marchand, et tous ceux qui n'ont pas assez de faculté pécuniaire pour aller au théâtre Français, conduisent leur famille aux théâtres des boulevarts, où le mélodrame corrompt le goût de ceux qui le voient représenter habituellement, et ferme les portes du temple de Thalie aux acteurs qui, pour plaire à la multitude, contractent une diction et une manière de jouer tout à fait extraordinaires, et étrangères à la simplicité et au naturel qui caractérisent la bonne comédie.

---

(1) *Michot, Damas, Saint-Prix, Baptiste* aîné, *Lafond,* Mlle *Duchesnois,* Mlle *Levert,* Mlle *Mars* ont des talens supérieurs, et quand on a le bonheur de les voir réunis aux débris de l'ancienne troupe française, il y a de l'ensemble dans les représentations ; mais après leurs retraites les emplois qu'ils remplissent n'auront-ils pas le sort de ceux dans lesquels brillaient et *Dugazon* et *Grandménil?*

Si on laissait empirer le mal, et que l'on accoutumât la nation aux invraisemblances du théâtre espagnol et à la barbarie du théâtre anglais, elle n'aurait bientôt aucune idée juste de la saine comédie, et l'on verrait, même à Paris, se renouveler, envers l'acteur qui se préserverait de la contagion du mauvais goût, le reproche flatteur que jadis les Bordelais adressèrent à l'inimitable Préville, en désertant le spectacle, parce que, disaient-ils, il jouait comme s'il était dans sa chambre.

N'avons-nous pas déjà vu siffler *Georges Dandin ?* Siffler Molière ! Quelle preuve plus frappante peut-on donner de la corruption du goût? *Le Grondeur,* pièce d'un naturel exquis, d'un comique vrai, qui est remplie d'esprit, ce chef-d'œuvre de l'abbé Brueys, que Molière ne désavouerait certainement pas, n'a-t-il pas été aussi frappé d'anathême par les mêmes juges?

Les sifflets de l'hôtel de Bouillon contre la *Phèdre* de Racine étaient dirigés par la haine, et Mme de Sévigné et ses complices dans cette cabale savaient très-bien que cette tragédie était un chef-d'œuvre, et que la *Phèdre* de Pradon était une pièce médiocre (je dis médiocre, parce que chaque jour nous en voyons beaucoup de moins supportables) qui ne pouvait entrer en comparaison avec celle de l'illustre auteur d'*Athalie*; mais c'est l'ignorance la plus humiliante qui a présidé aux décisions de ce parterre qui, après avoir improuvé et Molière et Brueys, a été applaudir avec transport *la Queue de Lapin* et *M. Giraffle*.

Le théâtre Français ne doit ni ne peut faire beaucoup d'élèves, et par la composition de leur troupe les autres théâtres n'en peuvent former aucun pour la comédie et pour la tragédie, et, n'en déplaise à MM. les professeurs de l'art théâtral, l'on n'apprend pas à jouer la comédie dans sa chambre. Tout ce qui concerne l'adresse et l'intelligence peut être enseigné; mais l'on ne peut indiquer ce qui est du ressort de l'âme : l'on apprend à danser, à chanter; mais non à avoir de la sensibilité, ou bien de la chaleur en terme de coulisses, qualité indispensable pour un acteur, et sans laquelle la comédie n'est qu'un métier.

Les professeurs de déclamation mettront bientôt la tragédie en musique, ou la noteront comme le plain-chant : je leur indiquerai même une autorité qui pourrait bien leur faire adopter cet usage; j'ai vu jadis entre les mains de Mme Lavigne, aujourd'hui (à ce que je crois) madame Molé, attachée au théâtre de l'Impératrice, le rôle d'Emilie de la tragédie de *Cinna* noté, vers par vers, de la main du célèbre Lekain. Il est cependant à présumer que Lekain n'avait fait ce travail, assez singulier, que pour quelqu'un dont il avait jugé les moyens physiques et l'âme, ou plutôt pour sa propre satisfaction, car il ne fit jamais d'élèves. Voici ce que dit Dazincourt dans sa notice sur Préville, relativement à cet acteur : « Lekain, son admirateur et son ami (de « Préville), ne se plaisait pas également à « communiquer ses réflexions sur l'art de re- « présenter la tragédie; peu d'acteurs ont reçu « de lui des avis, qui sans doute eussent été « précieux. » L'assertion de cet artiste vient à l'appui de ma conjecture.

S'il n'est au pouvoir de personne de soutenir par de nouveaux chefs-d'œuvres la supériorité brillante que donnèrent à la scène française les pièces immortelles de Corneille, Molière, Regnard, Racine, Crébillon, Voltaire, Piron, etc., il est des moyens de prévenir la chute entière de l'art théâtral et de lui rendre sa splendeur. Il faut pour cela que des hommes qui l'ont étudié travaillent à sa régénération, qu'ils aient pour but non une spéculation sordide, mais l'amour de l'art; et que le gouvernement les protége.

Il serait facile de démontrer que les écoles de déclamation ne sont propres qu'à exercer la mémoire des élèves et à leur faire contracter des habitudes vicieuses, soit dans les attitudes, soit dans la diction ou dans les gestes; le théâtre est la seule école où l'on puisse former des élèves, et le public le seul juge qui puisse les corriger efficacement : je proposerai donc des écoles publiques et en action, si je puis m'exprimer ainsi, car, comme le dit l'épigraphe de cet aperçu : « L'école du public qui « paie est toujours meilleure que celle où les « maîtres sont payés et où les spectateurs ne « paient rien. »

Je voudrais que l'on établît en France quatre théâtres; le premier à Paris, et les autres à Marseille, Lyon et Bordeaux, villes où jadis on jouait la bonne comédie, et qui ont donné des acteurs célèbres au théâtre Français. Les salles du théâtre Olympique à Paris, du théâtre Français à Bordeaux, des Célestins à Lyon, et du théâtre Français à Marseille, sont situées et construites de la manière la plus avantageuse pour des jeunes comédiens. Je pense que la dénomination d'*Elèves de*

Thalie serait celle qui conviendrait le mieux à ces artistes. L'on ne serait admis à ces écoles que par ordre du ministre de l'Intérieur, et il faudrait avoir au moins quinze ans et au plus vingt-cinq pour entreprendre la carrière pénible et laborieuse du théâtre. Les élèves auraient des appointemens; les moindres de 1000 francs, et les plus forts de 2000 francs, et tous les costumes seraient fournis par l'administration.

Deux professeurs dont les talens et l'instruction auraient été reconnus seraient attachés à chaque théâtre; mais ils ne joueraient point la comédie, parce qu'il pourrait fort bien arriver que l'élève, étant plus jeune, et ayant des moyens plus forts et plus flexibles que ceux du professeur, exécutât beaucoup mieux ce qui lui aurait été démontré que le professeur lui-même, et qu'il reçût plus d'applaudissemens, ce qui exciterait son amour-propre et nuirait à ses progrès, en altérant la considération et la confiance qu'il doit avoir pour ses maîtres.

On représenterait sur ces théâtres les pièces du répertoire de la comédie Française; mais particulièrement les anciennes, que l'on ne voit plus.

Les auteurs y trouveraient la ressource de faire jouer leurs ouvrages, qui pour cela ne seraient point exclus de la scène française, et le public pourrait, par la médiocrité du prix des places, voir la bonne comédie et rectifier son goût, abâtardi par les spectacles monstrueux où il est obligé d'aller.

Le théâtre de Paris serait regardé comme une succursale de la comédie Française, et ceux des départemens comme autant de succursales de celle de Paris. Les élèves changeraient d'école si les professeurs le croyaient utile, et après avoir fini leur engagement, qui serait au moins de trois années, ils pourraient être admis à la succursale de Paris, ou bien s'engager dans d'autres troupes, soit dans les départemens, soit dans l'étranger.

La comédie Française désignerait six mois à l'avance le sujet qu'elle jugerait assez instruit pour être admis aux débuts sur son théâtre. Ce délai de six mois serait nécessaire pour ne pas déranger subitement le répertoire des élèves ; mais les professeurs qui auraient la direction de leur troupe ne pourraient, sous aucun prétexte, se refuser à la demande des comédiens Français.

Un second théâtre où l'on jouerait la comédie est indispensable à Paris pour que le théâtre Français ne souffre jamais de l'absence des premiers emplois. Combien l'on a déjà vainement cherché, dans l'espérance de remplacer Grandménil et Caumont, Dugazon et Dazincourt !

Cette difficulté ne prouve-t-elle pas la nécessité de former des acteurs, et de les former particulièrement à Paris ? Qui a préservé la comédie Française de sa chute entière ? C'est l'émulation que se donnèrent deux théâtres rivaux pendant les premières années de la révolution.

Il y aurait un commissaire du gouvernement à chacun des quatre théâtres, à qui les demandes seraient adressées, et qui les transmettrait aux professeurs, qui exécuteraient ses ordres pour tout ce qui ne serait pas de police locale.

Le commissaire du gouvernement nommerait les employés aux recettes et autres, traiterait avec les fournisseurs, serait enfin chargé de toutes les dépenses, recevrait les recettes, et paierait le tableau des appointemens des élèves et des autres employés, qui lui serait remis chaque quinzaine par les professeurs, et ces derniers en feraient la distribution.

Les professeurs veilleraient à la conduite des élèves; mais ils ne pourraient prononcer aucune peine de discipline sans le consentement du commissaire du gouvernement, excepté les amendes pour défaut d'exactitude aux répétitions.

Le produit des recettes serait plus que suffisant pour faire rentrer les avances que le gouvernement serait dans le cas de faire pour établir ces écoles scéniques, et avec de l'ordre et de l'économie, sans lésinerie, il en résulterait encore un bénéfice assez considérable.

Je n'ai fait qu'indiquer les bases de cet établissement, dont la police serait déterminée par des règlemens particuliers, ainsi que le nombre des élèves, les appointemens et les attributions, soit du commissaire du gouvernement, soit des professeurs.

Ces théâtres seraient des sources abondantes de sujets pour la France et pour l'étranger, et donneraient aux zélateurs de la scène française l'espérance fondée de voir naître et développer des talens qui lui rendraient sa supériorité et son éclat.

LE COMITÉ
DE
LECTURE.

J'avais toujours redouté la lecture d'un ouvrage dramatique; soumettre une pièce de théâtre à des censeurs éclairés qui, d'après l'idée que je me faisais d'un Comité de Lecture, devaient l'analiser avec impartialité, mais avec clarté, profondeur et sévérité, me paraissait une corvée pénible pour un auteur, surtout quand il appréciait déjà les défauts de sa production.

Retenu par cette crainte, je me disais : Il ne faudra hasarder que des ouvrages dont l'utilité pour les mœurs sera évidente et pourra balancer la faiblesse de leur mérite littéraire.

Pénétré d'indignation contre les hommes pervers qui veulent établir leur fortune sur la ruine de celle des dupes qui leur accordent leur confiance, contre ces êtres criminellement cupides qui calculent froidement ce que leur produiront les forfaits qu'ils méditent, et qui insultent par leur insolente opulence aux larmes des malheureux qu'ils ont faits; deux fois leur victime, et encouragé par les lois que le gouvernement a promulguées pour prévenir et punir leurs coupables manœuvres, j'esquissai très-rapidement la comédie en trois actes et en prose que je soumets aujourd'hui au public.

Je fis lire ma pièce à un homme de lettres qui la loua beaucoup trop, et je crus alors devoir l'analiser moi-même, comme si, étranger à sa composition, j'avais dû en rendre compte dans un journal.

J'y découvris une infinité de défauts. Le chevalier, annoncé dans la première scène comme l'un des principaux personnages, ne sert que d'ombre au tableau; le caractère de Naudar devait être plus comique, et celui de Dermon plus fortement dessiné, ce qui eût vivifié l'action. Le dialogue est prolixe et se ressent beaucoup de la précipitation que l'on a mise à le composer. Il y a bien d'autres imperfections, plus graves sans doute; mais l'on m'excusera si, en me rappelant que je suis le créateur de cet ouvrage, je laisse au lecteur le soin de les apprécier, et me borne à faire connaître que je ne m'abusais pas sur le mérite de ma comédie.

Mais pourquoi, me dira-t-on, avez-vous présenté votre pièce, puisque vous en connaissiez les défauts? Le voici. Je communiquai mon analise à l'ami qui avait déjà lu ma comédie; je le réunis à un artiste distingué dont l'expérience commande la confiance, et je leur déclarai que mon intention était de garder mon ouvrage dans mon portefeuille. L'amitié qu'ils me portent, ou plutôt l'union de nos principes contre les hommes de mauvaise foi qui, décorés du beau titre de négociant, tendent des piéges à la probité crédule, leur fit juger la pureté de l'intention plutôt que la bonté de l'ouvrage, et ils soutinrent, en convenant de la justesse de la plupart de mes observations, que je me taisais sur ses qualités en m'appesantissant sur ses imperfections, et qu'il serait reçu avec bienveillance par le Comité de Lecture du théâtre de Sa Majesté l'Impératrice, et par le public, qui verrait avec plaisir signaler ces êtres corrompus.

Comme eux je pensais qu'il valait mieux

que l'on pût dire que j'avais fait un ouvrage utile pour les mœurs qu'une comédie de boudoir, qui devrait son succès à l'esprit licencieux et au jargon maniéré et souvent trivial qui distinguent la plupart des productions du moment.

Je me laissai persuader, et je consentis à soumettre mon manuscrit à un artiste retiré du théâtre Français, et membre du Comité de Lecture de celui de l'Odéon. Je trouvai dans mon nouveau censeur lumières, sagesse et franchise; il me conseilla quelques changemens dans le troisième acte; je m'y conformai, et il se chargea de demander et d'obtenir du Comité que ma comédie serait admise à la lecture.

Le 12 décembre passé fut le jour indiqué pour l'entendre.

Je me rendis au Comité, accompagné du protecteur de mon ouvrage : il eut la complaisance de me présenter au seul membre qui était déjà dans le lieu des assemblées de cet aréopage comique. L'accueil qu'il me fit est remarquable, et jamais le ministre le plus vain, Richelieu lui-même, ne reçut avec autant de hauteur le solliciteur le plus humble ou le rival le plus redouté.

Est-ce Duval? est-ce Picard? me disais-je à moi-même. Non; ils doivent être plus modestes; le talent de faire de bonnes pièces ne donne pas autant d'orgueil que la science : je savais qu'il y avait un architecte estimable au nombre de mes censeurs, ce qui m'autorisait à penser qu'il pouvait bien s'y trouver aussi quelque chimiste ou quelque physicien; mais je fus bientôt tiré d'erreur par un nouveau juge qui survint; je dis juge, et c'est le mot, car l'on me traita plutôt comme un prévenu sur le sort duquel on allait prononcer que comme un littérateur qui soumettait une pièce dramatique à des gens qu'il croyait ses pairs. La conversation de mes trois censeurs me fit apprécier l'illustre membre que j'avais cru le flambeau du Comité.

Les journalistes, qui en faisaient le sujet, furent impitoyablement traités par lui; le journal de Paris et celui de l'Empire excitèrent particulièrement sa bile... Je commençai à soupçonner que j'avais affaire à un auteur qui avait à se plaindre d'eux; mais j'en eus bientôt la certitude, et je fus singulièrement étonné quand j'entendis nommer un auteur, il est vrai, mais un auteur qui devrait être pénétré de la plus vive reconnaissance envers messieurs les journalistes, qui, malgré ses chutes réitérées sur presque tous les théâtres de l'Empire, l'ont toujours traité avec une indulgence remarquable, sans aller fouiller dans les sources étrangères où il a été puiser le seul de ses ouvrages qui ait mérité de réussir, et même la plupart de ceux dont le public a souvent fait justice d'une manière décisive, quoiqu'ordinairement très-gaie.

Enfin, à deux heures, six de mes juges se trouvèrent réunis ; l'implacable adversaire des journalistes observa que le Comité était en nombre suffisant pour m'entendre, et, m'adressant la parole avec ce ton transcendant que donne la confiance intime que l'on a de la supériorité de ses propres talens, confiance bien excusable dans un personnage aussi fécond et aussi plein de lui-même, il me dit que je pouvais commencer la lecture de ma comédie. Je lus avec beaucoup de rapidité, car j'étais impatient d'échapper à la sellette comique, sur laquelle j'étais mal à mon aise. Mon introducteur me reprocha d'avoir lu froidement, et j'eus le plaisir d'entendre prononcer ces mots à l'anti-journaliste, qui tisonnait le feu avec une grâce qui lui est toute particulière : « Mais... « monsieur s'est fait entendre... » Autant flatté de cette faveur que de la tournure délicate et spirituelle de ce petit compliment, je lui répondis, avec toute l'humilité qu'exigeait ma situation : « Je crois comme vous, monsieur, « que l'on m'a entendu ; mais je désire que l'on « m'ait compris. »

Je voulus me retirer et laisser mon manuscrit, que l'on me pria d'emporter.

Je transmets ici la décision du Comité, que je reçus deux jours après, et la réponse que j'adressai à M. Simon, ancien avocat, secrétaire et membre du Comité.

LETTRE
DE M. SIMON,

EN DATE DU 13 DÉCEMBRE 1811.

Monsieur,

Honorés de la confiance de messieurs les sociétaires et membres de l'administration du théâtre de S. M. l'Impératrice, nous devons, en notre qualité de membres du Comité de Lecture de ce même théâtre, y répondre en disant franchement la vérité à messieurs les auteurs qui veulent bien soumettre leurs ouvrages à notre censure. Le vôtre, en trois actes et en prose, intitulé *la Banqueroute du Jour,* nous a paru celui d'un homme estimable, probe et honnête, simple narrateur d'un fait historique plutôt qu'homme de lettres accoutumé à écrire la comédie : la vôtre, monsieur, est dialoguée sagement, mais peut-être avec trop de naïveté ; on serait tenté de croire que vous n'y déguisez que les noms des interlocuteurs ; aussi cette pièce imprimée fera toujours plus de plaisir à la lecture qu'elle n'en procurerait sur la scène, où l'on aime à voir du mouvement et de la gaieté. Votre style est celui du barreau, dont vous avez employé trop sèchement les termes. Vos portraits ont le mérite de la ressemblance ; c'est un beau défaut sans doute ; mais comme toutes vérités ne sont pas toujours bonnes à mettre en scène, nous sommes convaincus que la police même ne permettrait pas aujourd'hui la représentation de votre pièce telle qu'elle est, quand bien même nous vous donnerions à cet égard un assentiment que nous croyons tous devoir vous refuser, surtout après le succès bien assuré de la comédie de Duhautcours.

Veuillez bien, monsieur, agréer nos regrets de ne pouvoir compter cette aimable production de votre génie au nombre des ouvrages à représenter sur le théâtre de l'Odéon.

RÉPONSE.

Paris, le 18 décembre 1811.

Monsieur,

Ce n'est point l'amour-propre qui me détermine à répondre à la lettre que vous m'avez adressée au nom du Comité de Lecture du théâtre de Sa Majesté l'Impératrice; un motif plus louable et d'un intérêt plus grand m'engage, non à défendre ma comédie, mais à relever les principes erronés que cette lettre renferme, et qui paraissent servir de règle aux décisions des censeurs qui composent ce Comité.

Vous m'annoncez qu'un des devoirs que s'imposent messieurs vos collègues c'est la franchise; cet aveu provoque la mienne, et comme j'ai reçu leur jugement sans aigreur, je les prie de lire mes réflexions sans prévention et sans humeur.

L'on a jugé mon ouvrage sur une lecture rapide, et qui m'a valu une apostrophe de la part d'un de mes censeurs, que j'estime, et qui est une preuve de sa bonne foi : « Parbleu,

« monsieur, s'est-il écrié à la fin de la lecture, « il faut avouer que vous lisez bien mal votre « ouvrage ! » Je lui répondis : « On ne m'accu- « sera pas d'avoir ébloui l'auditoire. »

J'ai cru que lorsqu'on lisait devant des spectateurs qu'il fallait séduire ou émouvoir l'on devait dire plutôt que lire, c'est à dire mettre de la chaleur, passer d'une inflexion à une autre, enfin jouer tout seul la pièce qu'on voulait faire applaudir, en prenant le ton qui convenait à chaque personnage que l'on faisait parler ; mais j'avais pensé que lorsqu'on lisait devant des censeurs l'on devait éviter cet éclat, et lire sans emphase, parce que l'on devait supposer qu'ils avaient les lumières nécessaires pour apprécier l'effet que pourrait produire votre ouvrage au théâtre, et qu'ils voulaient être éclairés et non séduits.

J'ai eu tort cette fois, et j'en conviens de la meilleur foi du monde ; j'avoue aussi que ce reproche était fondé, et que ce mouvement de la part de monsieur votre collègue est une preuve qu'il connaissait l'habitude de juger du Comité, et de l'intérêt qu'il prenait à mon ouvrage.

« Le vôtre (mon ouvrage), dites-vous, nous « a paru celui d'un homme estimable, probe et

« honnête, simple narrateur d'un fait histo-
« rique plutôt qu'homme de lettres accou-
« tumé à écrire la comédie. »

Je suis reconnaissant de cette opinion envers messieurs les membres du Comité : l'un vaut mieux que l'autre ; mais l'un n'exclut pas l'autre. Je retrace véritablement un fait historique qui ne se reproduit que trop souvent, et il faut convenir que malheureusement il est impossible de douter de sa réalité.

« La vôtre (ma comédie), ajoutez-vous,
« est dialoguée sagement, mais peut-être avec
« trop de naïveté; on serait tenté de croire que
« vous n'y déguisez que les noms des interlo-
« cuteurs; aussi cette pièce imprimée fera tou-
« jours plus de plaisir à la lecture qu'elle n'en
« procurerait sur la scène, où l'on aime à voir
« du mouvement et de la gaieté. »

En voilà assez, monsieur, pour égarer un jeune auteur qui, sans expérience, reçoit avec avidité tous les avis qui tendent à satisfaire l'envie qu'il a de voir jouer un de ses ouvrages; il se dira : Mon dialogue est sage, mais il a trop de naïveté, c'est à dire (dans le sens que donnent à ce mot messieurs les membres du Comité) trop de franchise ou de naturel; la conduite de ma pièce est simple; il y a des caractères opposés qui les font contraster ensemble; les scènes sont liées, les incidens naissent du sujet; mais cela ne réussira que dans le cabinet, et je veux réussir au théâtre.

La première chose qu'il fera sera de tracer un nouveau plan; il y mettra du mouvement, c'est à dire qu'il y prodiguera les incidens, qui amèneront des situations forcées, étrangères au sujet de son drame, et les invraisemblances ne l'arrêteront pas si elles lui paraissent utiles à son succès. La seconde sera de renoncer au dialogue sage et franc, de faire parler ses personnages d'une manière ampoulée, et il s'écartera de ce naturel si fort recommandé par tous nos grands hommes, et qui, jusqu'à ce que Molière eut écrit, avait donné la supériorité de la scène aux comiques grecs.

Sans doute un auteur doit chercher à plaire aux spectateurs; mais il ne doit pas pour y réussir violer les règles de l'art dramatique et corrompre le goût; la gloire qu'on acquiert par de pareils succès n'est qu'éphémère, et la raison fait tôt ou tard justice de ces productions qui ne doivent leur réussite momentanée qu'à quelques saillies malignes, abus de l'esprit, à des épigrammes indécentes, et à ces phrases recherchées qui caractérisent le dialogue de ces pièces à grands mouvemens dont on commence à se dégoûter.

Vous avez une preuve frappante du désir qu'a le public de voir renaître la saine comédie dans les succès qu'ont obtenus au théâtre Français deux ou trois pièces dialoguées naturellement et sagement conduites, et dans les chutes journalières des ouvrages que vous recevez, la plupart composés par l'un des censeurs qui ont concouru aux observations que vous avez eu la bonté de m'adresser, mais qui heureusement ne fera pas école.

« Votre style est celui du barreau, dont vous
« avez employé trop sèchement les termes. »

J'avoue que cette phrase est celle qui m'a le plus étonné : je ne suis point avocat, comme vous paraissez le croire ; M. Ricord (du Var), avocat, est un autre personnage que moi, plus âgé et plus connu, et c'est par erreur que vous avez confondu mon nom avec le sien ; je n'imprimai jamais qu'un mémoire pour une affaire judiciaire, et les avocats, les avoués, et généralement toutes les personnes qui tiennent au Palais, m'accusèrent d'avoir le style d'un faiseur de comédies.

J'ai rédigé des journaux ; mais je n'ai signé que les articles dirigés contre les auteurs qui font des pièces à grands mouvemens, et il est possible que certain poëte comique s'en soit souvenu.

J'ai écrit sur l'art dramatique et sur l'art théâtral, et n'ai mis mon nom qu'à une brochure imprimée il y a quelques mois (1), et dont les journaux ont rendu compte d'une manière qui prouve l'indulgence des littérateurs estimables qui ont analisé mon ouvrage envers les écrivains, plus occupés du désir d'être utiles que de l'envie de briller.

Voici ce qu'on lit dans le feuilleton de la Gazette de France du premier octobre passé, relativement à ce petit ouvrage :

« Ce ne sont pas souvent les plus longs ou-
« vrages qui contiennent les meilleures choses ;
« on peut en dire d'excellentes en peu de
« mots, et l'on n'a pas besoin de longues
« phrases, surtout quand le danger est si im-
« minent. Celui qui menace l'empire de Tha-
« lie et de Melpomène d'une destruction ab-
« solue est si bien prouvé, si évident aux
« yeux les moins prévenus, qu'il ne s'agit

---

(1) Je réimprime les Réflexions sur l'Art Théâtral d'après l'invitation qui m'en a été faite par beaucoup de personnes.

« plus aujourd'hui que de proposer le re-
« mède, et de choisir entre tous ceux qui
« seront proposés : tel est le plan que l'au-
« teur a choisi, et sur lequel il a écrit d'une
« manière convenable, parce qu'il paraît avoir
« médité longtemps son sujet. Il aurait pu
« faire un gros livre sur une matière depuis
« longtemps rebattue par une foule d'écri-
« vains plus ou moins habiles; il a préféré
« présenter au public *un factum* très-suc-
« cinct, où la prolixité du bavardage n'étouffe
« point la force et la solidité des raisons. »

L'article est terminé par cette phrase : « L'au-
« teur me paraît avoir débattu toutes ces ques-
« tions avec la plus grande sagacité; il s'est
« pénétré de son sujet, et l'étude profonde
« qu'il en a faite doit inspirer une grande con-
« fiance pour ses propositions. »

Le journal de l'Empire s'exprime de cette manière dans son feuilleton du 11 du même mois, en rendant compte de cette brochure :
« Heureusement pour moi, dit l'auteur, M. Ri-
« cord a jugé à propos de se nommer; il est
« donc bien auteur de ce petit ouvrage, que
« les comédiens trouveront fort mauvais,
« quoiqu'il soit fait avec beaucoup d'esprit et
« de raison, qu'il soit écrit avec une élégante

« rapidité, qu'il tende vers un but utile, et
« qu'il offre un moyen facile de rendre à
« l'art théâtral tout l'éclat qu'il doit avoir
« dans la capitale qui le cultive avec plus de
« succès. »

L'article finit ainsi : « Mes lecteurs croiront
« difficilement que tous ces détails historiques
« sur les théâtres et les comédiens, cette dis-
« cussion sur la décadence de l'art, ces rai-
« sonnemens sur l'influence des petits théâtres
« et du mauvais goût, ce plan d'amélioration
« avec toutes les preuves qui en démontrent
« l'utilité, et enfin les développemens des
« moyens d'exécution, ne remplissent que
« vingt-huit pages, et ne coûtent que 75 cen-
« times ; certes on nous vend tous les jours
« des livres bien plus gros, bien plus chers et
« bien moins utiles. »

Quant aux termes du barreau, je les ignore parfaitement ; je défie même qu'on en trouve un seul dans ma comédie, et je m'attendais au reproche fondé qu'on aurait dû me faire, que Naudar n'est pas assez procureur dans son langage.

Mais, monsieur, comment concilier un dialogue sage et naïf avec le style sec du Palais ? Comment une pareille bigarrure pourrait-elle faire plaisir à la lecture? et comment peut-on croire à la justesse et à l'impartialité de ces singulières observations faites sur une pièce que l'on a à peine entendue, et de laquelle l'on a même oublié le titre, car vous intitulez ma comédie *la Banqueroute du Jour*, tandis que son titre est *le Banqueroutier du Jour?*

Je passe à un reproche plus singulier et, j'ose dire, plus inconsidéré; je soumets vos expressions avec exactitude.

« Vos portraits ont le mérite de la ressem-
« blance; c'est un beau défaut sans doute;
« mais comme toutes vérités ne sont pas
« toujours bonnes à mettre en scène, nous
« sommes convaincus que la police même
« ne permettrait pas aujourd'hui la repré-
« sentation de votre pièce telle qu'elle est,
« quand bien même nous vous donnerions à
« cet égard un assentiment que nous croyons
« tous devoir vous refuser, surtout après le
« succès bien assuré de la comédie de Du-
« hautcours. »

L'on doit écarter du théâtre les portraits qui peuvent prêter à des allusions malignes, à des applications méchantes, et à faire naître des impressions défavorables contre des hommes estimables. Il est certain que l'on eut tort de souffrir qu'Aristophane traduisit le sage Socrate sur le théâtre d'Athènes, comme l'on fut blâmable de permettre à Voltaire de présenter sous des traits infâmes un critique célèbre sur celui de Paris, et à M. Palissot de distiller la calomnie sur le plus grand homme du dix-huitième siècle; mais quand il s'agit d'un vice, je puis dire d'un crime, qui est la source de la démoralisation, on doit l'offrir aux spectateurs dans tout son hideux éclat, pour épouvanter ceux qui seraient tentés de s'en rendre coupables, et prémunir les honnêtes gens contre leurs perfides manœuvres.

Les vérités ne sont pas bonnes à mettre en scène. Oui, s'il est des vérités qui puissent nuire à la société ou à quelque particulier recommandable; mais quand elles dévoilent le manége du faussaire et du banqueroutier frauduleux, l'on ne saurait trop les publier, et ce ne sont pas ces vérités que le philosophe Fontenelle eût retenues dans ses mains.

Mes portraits conviennent à beaucoup de gens, il est vrai, et bien des personnes y reconnaîtront leur Rinper et leur Naudar; mais ils sont généralisés, et il n'y a nulle application à faire. J'attaque le vice, et c'est parce qu'il est répandu qu'il faut le démasquer avec hardiesse et sans ménagement. Le fripon qui en sera quitte pour une comparaison ne sera pas sévèrement puni, et j'aurais fait, non une bonne pièce, mais un ouvrage utile, si je réussissais à retenir la cupidité criminelle de quelque Rinper, ou à réveiller le zèle d'un Dermon qui empêchât la ruine d'un seul homme simple et probe.

J'aime à me persuader que la police ne vous a pas confié son secret, car, bien loin d'avoir l'imprudente conviction qu'elle s'opposerait à la représentation de ma comédie, je pense qu'elle la seconderait. Comment pourrait-elle condamner un ouvrage qui met en lumière les précautions du crime contre la bonne-foi, et qui démontre les effets salutaires des lois bienfaisantes qui doivent prévenir les délits de cette nature, ou frapper ceux qui s'en rendent coupables?

J'ignore, monsieur, si ma pièce a quelque rapport avec celle de Duhautcours; je ne connais de cette comédie que le titre; mais d'après ce que vous me dites elle doit traiter le même sujet, et pourquoi la police aurait-elle permis aux auteurs de cette belle production ce qu'elle me refuserait?

Une inconséquence encore plus marquée c'est de m'inviter à faire imprimer une comédie que la police ne souffrirait pas sur la scène. Doit-on la regarder comme une simple inconséquence, ou comme un piége tendu à l'amour-propre de l'auteur ?

Ainsi que vous, monsieur, la police regardera mon ouvrage comme celui d'un homme probe et honnête, et si quelque chose blessait le magistrat qui est chargé de cette branche de son administration, il m'indiquerait les corrections à faire, et ne rejeterait point ma comédie parce qu'elle est dialoguée sagement, mais avec trop de naïveté, ni parce que les portraits ont le mérite de la ressemblance.

Si mes faibles portraits paraissent trop frappans à messieurs les membres du Comité, qu'auraient-ils dit à l'auteur immortel s'il leur avait présenté son Tartufe, ce chef-d'œuvre des comédies anciennes et modernes? C'est alors qu'effrayés des vérités que ce profond philosophe adresse aux faux dévots, plus nombreux, plus puissans et plus à redouter à cette époque que ne le sont aujourd'hui les faussaires et les banqueroutiers frauduleux, ils se seraient empressés de lui dire, en style de procès-verbal, *toutes vérités* ne sont pas bonnes à mettre en scène; vos portraits sont trop ressemblans; la police ne laisserait pas jouer votre comédie, et nous vous refusons tous notre assentiment.

N'est-il pas encore évident que l'auteur qui aura, sur les réflexions du Comité, refait son plan, et renoncé au dialogue sage et naïf, renoncera aussi à peindre à grands traits, et ne fera plus que des esquisses? Par de pareils conseils on pervertit le goût et l'on étouffe le génie.

Il me resterait, monsieur, à parler de la manière dont ma lecture a été entendue; mais je réserve ce tableau, assez curieux, pour la préface de mon ouvrage, si je le livre à l'impression. Je me bornerai à vous remercier du ton poli et encourageant que vous avez mis dans le peu de mots que vous m'avez adressés, et à vous assurer que votre maintien décent contrastait d'une manière saillante avec l'air important et avantageux de l'un de vos collègues : quand des écrivains d'un talent supérieur, tels que MM. Duval et Picard, lisent devant un pareil censeur, ils sont en droit de lui dire:

Ne sutor ultra crepidam.

J'espère, monsieur, que je serai plus heureux une autre fois, parce que je crois que messieurs les membres du Comité de Lecture ont l'esprit assez bien fait pour que ces Réflexions ne me ferment pas les portes du temple.

Agréez, monsieur, l'assurance de ma considération, et croyez-moi votre dévoué serviteur.

Que l'on compare la retenue que le Comité a manifestée, dans la lettre qui m'a été adressée, envers les vérités que je dis contre les faussaires et les banqueroutiers frauduleux, et la prestesse avec laquelle il a saisi l'occasion de faire jouer sur le théâtre de l'Odéon la comédie de Conaxa, croyant porter un coup mortel à celle des Deux Gendres, et l'on pourra apprécier le degré de confiance que l'on doit accorder et à l'impartialité de ses décisions et à la pureté des intentions des membres dont les opinions paraissent prépondérantes.

Rien n'a été respecté; les bienséances mêmes ont été bravées avec une affectation qui n'est échappée à personne. L'on conviendra que si le Comité a craint fort légèrement, ou plutôt très-imprudemment, que la police ne permît point de signaler les manœuvres des faussaires et des banqueroutiers frauduleux, il aurait dû redouter avec plus de raison qu'elle ne trouvât repréhensible d'afficher l'intention de nuire à un jeune auteur qui peut justifier les talens qu'il annonce, s'il se méfie des éloges outrés qu'on lui a prodigués, bien plus dangereux pour lui que tous les sarcasmes que la médiocrité a lancés contre ses succès; mais cette crainte, mieux fondée, n'a pu empêcher la basse jalousie de reproduire une pièce oubliée, et qui, à beaucoup près, ne vaut pas la comédie de M. Etienne.

Un tort réel qu'a ce littérateur c'est de n'avoir pas dit dans une préface qu'il connaissait l'ouvrage du jésuite breton, et indiqué les vers qu'il a cru, l'on ne sait trop pourquoi, devoir conserver.

Si M. Etienne a fait sa pièce d'après Conaxa, il est certain qu'il l'a tout à fait fondue, et qu'il a imaginé les caractères qu'il nous indique dans les Deux Gendres.

Le principal mérite de cette comédie, d'après moi, est dans le dialogue, qui me paraît naturel et se rapprocher de la manière de nos grands auteurs comiques. La versification en est aisée, et si l'on voulait absolument lui chercher des imperfections, on pourrait la trouver quelquefois négligée ; mais que cela est préférable au jargon recherché, à la minauderie précieuse des vers qui distinguent les productions des protégés du Comité de Lecture de l'Odéon ! Et l'on peut assurer que ce mérite classera les Deux Gendres parmi les meilleures comédies qui aient paru depuis longtemps sur la scène française.

J'ai entendu des hommes à passion, aussi exagérés dans leurs éloges qu'extrêmes dans leurs improbations, pousser l'injustice, ou plutôt l'acharnement, jusqu'à refuser à M. Etienne le discours qu'il a prononcé à l'Institut le jour de son admission dans cette assemblée.

Tout cependant paraît démontrer que ce discours est l'ouvrage du jeune littérateur qui est enthousiasmé de l'art dramatique, qui, en reconnaissance des succès qu'il a obtenus en le cultivant, le regarde comme le premier et le plus utile de tous les arts, et qui pousse la prévention jusqu'à avancer qu'il suppléerait à l'histoire des peuples s'il échappait seul aux ravages du temps.

Il me semble que messieurs les journalistes

n'ont pas assez combattu cette étrange assertion, et que quelques-uns l'ont caressée même avec une complaisance d'un dangereux exemple.

Si les comédies d'Aristophane et les fragmens de celles de Ménandre qui sont parvenus jusqu'à nous étaient les seuls ouvrages que nous eussions des Grecs, nous aurions une bien faible idée de la première et peut-être de l'unique nation qui ait existé chez les anciens.

Plaute, Térence, et les autres comiques latins, nous peignent-ils ces fiers Romains qui soumirent l'univers à leur domination? Non, sans doute; la comédie peint les vices et les ridicules, et quand on ne connaît que les ridicules et les vices d'un peuple, est-il possible d'asseoir un jugement sur ses mœurs et sur son histoire politique?

Je ne parlerai point du théâtre italien sous le règne mémorable de Léon X; mais que l'on se transporte dans l'avenir, et que l'on suppose tous les monumens littéraires et tous ceux des beaux-arts que vit naître en France le siècle immortel de Louis XIV, dévorés par le temps, et Molière survivre seul à cette destruction, l'on apprendrait qu'il y avait alors des marquis ridicules, des courtisans méprisables, des misantropes qui voulaient fuir les hommes, des avares qui voulaient établir leur fortune sur l'usure, des faux dévots qui outrageaient la religion, et des médecins ignorans et pédans; mais l'on conviendra que l'on n'aurait aucun indice des mœurs de ces hommes à jamais célèbres qui surent allier la morale la plus pure à la philosophie la plus saine, des talens supérieurs à des exploits guerriers, et qui illustrèrent la nation française.

Le dix-huitième siècle a produit quelques bonnes comédies, reste de l'ancienne école; mais quelle triste idée n'aurait-on pas des hommes qui ont vaincu l'Europe, et reproduit et surpassé même tout ce que l'histoire nous offre de beau et d'extraordinaire, soit dans la carrière militaire, soit dans l'héroïsme des sentimens, si on les jugeait d'après les productions des poëtes comiques sortis de l'école de Marivaux, qui, on ne saurait trop le répéter, a porté un coup mortel à la vraie comédie, vers laquelle M. Etienne vient de faire un pas qui honore ses talens? N'est-il pas à présumer qu'on les prendrait, sur ces notions mensongères quant à nos mœurs, pour des êtres efféminés faits pour briller dans des boudoirs, et non pour des héros qui doivent dicter des lois à l'univers ?

Une simple réflexion me paraît détruire le paradoxe avancé par M. Etienne; c'est que la lecture de Plutarque nous peint mieux les vertus, les vices et les ridicules des anciens, que tous les poëtes comiques de l'antiquité ne sauraient le faire, et que si son livre était parvenu seul jusqu'à nous, nous serions beaucoup mieux instruits de leurs mœurs et de leur politique qu'avec toutes les comédies des Grecs et des Romains.

Je pense, comme M. Etienne, que les caractères à mettre sur la scène ne s'épuiseront jamais, et qu'il ne manque qu'un homme de génie, un Molière, pour les traiter avec succès.

Le Misantrope, l'Avare, le Joueur, le Métromane sont des caractères qui seront vrais dans tous les temps, et quels que soient les changemens qu'éprouvassent les mœurs, il serait difficile de les présenter d'une manière plus frappante que ne l'ont fait Molière, Regnard et Piron; mais il est des caractères qui s'altèrent et qu'il faut refaire à fur et mesure que les mœurs s'améliorent ou se corrompent.

Je pourrais citer le Méchant de Gresset, qui ne serait plus qu'un espiégle, quoiqu'il soit un personnage odieux; les méchans de ce siècle ne s'amusent pas à de si petites choses; ils traitent ces espèces de noirceurs de bagatelles; ils sont plus que méchans, ils sont affreux.

L'Egoïste de M. de Cailhava et l'Homme personnel de M. Barthe ne sont que des esquisses, si nous les comparons aux égoïstes d'aujourd'hui. Je désirerais qu'une plume habile voulût se charger d'offrir au public dans toute sa laideur l'égoïsme effrayant avec lequel on semble se familiariser; mais je ne conseillerais pas à l'auteur de présenter son ouvrage au Comité de Lecture du théâtre de S. M. l'Impératrice; il le trouverait trop frappant de vérité, et, se transformant en censeur de la police, il assurerait que cette autorité n'en permettrait pas la représentation.

L'égoïsme qui se borne à l'indifférence pour tout ce qui ne l'intéresse pas n'est peut-être pas susceptible d'un grand intérêt théâtral; mais celui qui pousse la fureur jusques à haïr tout ce qui n'alimente pas son ambition et ne sert point les vices dont il est la source, produirait un grand effet s'il était traité comme je le conçois, mais comme je me sens incapable de l'exécuter.

Quelquefois, à la vérité, on peut rencontrer un homme de bien qui se croit convaincu que ses semblables sont méprisables; mais que le sort de cette autre espèce d'égoïste est à plaindre! Il n'a plus de jouissance; son cœur est dévoré par cette erreur; il ne voit dans tous ceux qui l'entourent que des êtres pervers desquels il doit se méfier; le saint nom de père excite plutôt ses regrets que sa tendresse; celui d'époux n'est plus qu'un mot de convenance sociale, et la douce amitié ne peut porter aucun soulagement à ses peines.

L'exemple du célèbre et vertueux J.-J. Rousseau est frappant; cette funeste erreur fut la source de ses malheurs; elle l'abusa toute sa vie, et le fit descendre au tombeau avant le terme marqué par la nature, après l'avoir fait paraître ingrat quand il n'était qu'infortuné. Le respectable M. de Girardin, d'Ermenonville, son ami et son hôte, qui m'honorait de son estime, était persuadé de son suicide, et il m'a souvent raconté les circonstances de la mort de Jean-Jacques, qui ne laissent aucun doute là-dessus.

Mais quand l'être immoral peut porter la

dégradation jusqu'à se persuader que tous les hommes lui ressemblent, il devient froidement scélérat, et c'est le monstre le plus dangereux pour la société.

Je crois pouvoir le peindre d'un seul trait; le voici : un de ces personnages qui, abusant de l'esprit que la nature leur a prodigué dans un de ses écarts, et encore plus de la philosophie, qu'ils travestissent et outragent, me disait il y a plusieurs années : « La probité est « une belle chose; c'est dommage qu'elle soit « l'apanage des imbéciles. » J'ai cessé de le voir depuis ce moment; mais je suis convaincu que, s'il lit ma brochure, bien loin d'être couvert de confusion, il sourira de pitié et me plaindra même de ce qu'il appellera mon peu d'expérience.

Revenons au Comité de Lecture, duquel, j'en conviens, je me suis un peu trop écarté; mais je ne crois pas ma digression déplacée.

Il me paraît inconvenant, et même nuisible aux progrès de l'art et aux intérêts des auteurs, de faire juger les pièces dramatiques par des hommes de lettres qui, suivant la même carrière, regardent le théâtre auquel ils destinent leur production comme leur domaine, et qui, par amour-propre, par jalousie ou par cupidité, peuvent employer leur influence dans le Comité de Lecture dont ils font partie à faire rejeter les ouvrages qui nuiraient au succès des leurs et qui compromettraient leur réputation littéraire.

J'ai publié une petite brochure, il y a quelques mois (1), dans laquelle j'indique les moyens que je crois propres à rendre la scène Française à son ancienne splendeur; mais je n'ai pas parlé des Comités de Lecture, et je profite de cette circonstance pour réparer cette omission.

La partialité qui préside dans les Comités de Lecture, et bien souvent dans l'aréopage de la comédie Française, n'en déplaise à messieurs les artistes qui le composent, est le résultat des protections de l'opulente ignorance en faveur de la bassesse qui l'encense, de l'envie de la médiocrité contre les hommes de génie, et de l'amour-propre des comédiens, qui presque toujours sacrifient les plaisirs du public et les intérêts de l'art au rôle qui les flatte et qui leur fait espérer des applaudissemens. Combien d'excellens ou-

---

(1) C'est une seconde édition de ce petit ouvrage que je donne avec la préface de cette comédie.

vrages rejetés parce qu'il n'y avait pas de rôle transcendant pour tel ou tel emploi, et combien de pièces admises à la faveur d'un premier rôle à grand fracas !

Il faudrait, autant que la chose serait possible, remédier à ces inconvéniens, soit en organisant différemment les Comités de Lecture, soit par une autre institution qui donnerait moins de prise à l'arbitraire des passions.

M. Marin, censeur royal, littérateur recommandable, qui réunissait à des talens distingués une probité sans tache, homme doux, aimable et estimé, écrivait en 1765 ce qui suit :

« Les auteurs devraient faire imprimer leurs
« ouvrages avant que de les montrer au
« théâtre ; le public rentrerait dans ses droits
« et indiquerait lui-même les pièces qu'il
« jugerait dignes de la représentation ; et,
« quand même elles tomberaient, l'auteur qui
« aurait eu la modestie de les soumettre à
« l'examen de la multitude serait à couvert
« des reproches sanglans dont on l'accable
« quelquefois, et de l'humiliation que des
« spectateurs ennuyés ont le malin plaisir de
« lui faire essuyer. »

Ce moyen, qui n'est qu'indiqué, me paraît

impraticable ; mais je pense que l'on pourrait former une espèce de juri littéraire qui serait chargé de l'examen, de l'admission ou du rejet des pièces de théâtre.

En lisant le mot *juri* messieurs les membres du Comité de Lecture du théâtre de S. M. l'Impératrice vont encore accuser mon style de se ressentir du barreau ; mais je veux leur épargner cette méprise, en leur apprenant que je suis un ancien officier supérieur dans les armées françaises, et j'ose avancer que si mes censeurs avaient été plutôt instruits de ce fait, ils auraient accusé mon style d'être trop grenadier.

Mais développons mon idée. Je désirerais que ce juri dramatique fût composé de vingt-un membres, choisis parmi les hommes de lettres d'un talent reconnu, ayant les lumières nécessaires pour apprécier les vices et les qualités d'une pièce de théâtre, et juger de l'effet qu'elle doit produire à la représentation.

Les artistes ne pourraient en être membres pendant le temps qu'ils exerceraient leur art ; mais ceux des trois premiers théâtres de Paris y seraient admis de droit dès l'instant qu'ils obtiendraient leur retraite, et ils auraient, outre leur pension, la moitié du traitement qui serait accordé aux littérateurs qui composeraient le juri dramatique.

Le ministre de l'Intérieur assignerait un local convenable aux assemblées du juri, qui se réunirait tous les jours, et il en nommerait le président et le secrétaire.

L'auteur qui voudrait faire représenter un ouvrage dramatique adresserait son manuscrit au secrétaire du juri, qui l'inscrirait sur un registre et en donnerait un reçu. L'on annoncerait à l'ouverture de chaque séance les titres et la forme des pièces inscrites, et l'on renverrait de suite l'ouvrage à une commission composée de trois membres, qui serait chargée de l'examiner et d'en faire un rapport dans le délai d'un mois au moins, et de trois mois au plus.

Il y aurait trois commissions; la première pour les pièces destinées à l'Académie impériale de Musique et à l'Opéra-Comique; la seconde pour celles que l'on croirait dignes de la comédie Française, et la troisième pour tous les ouvrages que l'on voudrait faire jouer sur les autres théâtres de la capitale.

Le rapporteur serait obligé d'analiser l'ouvrage que la commission aurait examinée, et de développer les motifs sur lesquels elle baserait son opinion, soit pour l'admission, soit pour le rejet; il serait tenu, avant de présenter son travail au juri, de transmettre à l'auteur les changemens que la commission aurait jugé à propos d'indiquer, et le temps que l'auteur mettrait à les faire ne serait point compris dans les délais.

Si le juri n'était pas satisfait du jugement de sa commission, il renverrait l'ouvrage à l'examen d'une autre commission, composée de cinq membres et nommée au scrutin, qui serait tenue de présenter son rapport dans le délai de quinze jours, et il prononcerait, d'après ce nouveau travail, l'admission ou le rejet de la pièce, sans être obligé de se conformer aux conclusions du second rapporteur.

La lecture admise, l'on assignerait le jour où l'auteur viendrait lire lui-même son ouvrage, s'il le jugeait convenable; et s'il préférait qu'il fût lu par le rapporteur, il aurait la faculté d'assister à cette séance, qui serait publique, et de siéger parmi les membres du juri.

Il faudrait que le juri fût composé de onze membres au moins pour prononcer sur le sort d'une pièce.

Les membres qui auraient entendu la lecture d'un ouvrage quelconque se réuniraient aussitôt en comité secret, et prononceraient sur son admission au théâtre ou sur son exclusion sans désemparer. Chacun d'eux aurait la faculté de motiver les raisons qui détermineraient son opinion dans le procès-verbal, qui serait inscrit sur le registre des séances du juri. La pièce admise serait adressée dans les vingt-quatre heures au théâtre qui devrait la représenter.

Tous les théâtres seraient obligés d'avoir un registre paraphé par le président du juri dramatique, sur lequel les pièces reçues seraient inscrites par ordre de date, à compter du jour de leur admission, et les comédiens se conformeraient à l'ordre de ce registre, sans pouvoir, sous aucun prétexte, retarder ni devancer le tour de chaque pièce.

Ainsi les productions dramatiques seraient jugées sainement et ne seraient plus soumises à l'arbitraire de censeurs intéressés ; l'homme de lettres ne serait plus dans l'humiliante nécessité de faire des démarches qui sont contraires à la dignité qui doit le caractériser, et souvent flatter le caprice d'une actrice qui exige des changemens qui sont nuisibles à l'ouvrage, mais qu'elle croit favorables à son genre de talent; les jeunes auteurs qui font le premier pas dans la carrière dramatique recevraient des avis sages et salutaires, et les littérateurs distingués secoueraient le joug des dominateurs comiques qui usurpent le sceptre de Thalie, et seraient rendus à leur indépendance.

Il n'y aurait de puni, si l'on adoptait ce projet, que l'être médiocre qui, dévoré de l'ambition de faire du bruit, remplace par l'intrigue et l'audace l'esprit et le génie qui lui manquent, en profitant du dégoût qu'occasionnent aux poëtes recommandables les difficultés qu'ils éprouvent pour faire représenter leurs ouvrages, et des besoins de l'homme de mérite qui préfère les privations à l'avilissement, pour les leur acheter à des conditions dictées par l'impudence et acceptées par la nécessité, et les censeurs importans qui, comme celui que je viens de signaler, seraient privés de la douce satisfaction d'exercer une influence désastreuse pour l'art dramatique, et se verraient forcés de se ranger en dessous des Hardis, des Bois-Robert et des Boyer, rang qui leur est réservé si leurs productions échappent à l'oubli qui les réclame.

LE
BANQUEROUTIER DU JOUR,
COMÉDIE
EN TROIS ACTES ET EN PROSE.

PERSONNAGES.

RIMPER, négociant.

Mme RIMPER, sa femme.

ADÈLE, leur fille.

Le chevalier DUBOUAGE, Américain, amant d'Adèle.

SAINVILLE, amoureux d'Adèle.

DERMON, tuteur et ami de Sainville.

NAUDAR, procureur.

CLARISSE, femme de chambre de Mme Rimper.

GERMAIN, valet de Dubouage.

La scène est à Paris, chez Rimper.

LE BANQUEROUTIER

DU JOUR,

COMÉDIE EN TROIS ACTES.

ACTE PREMIER.

SCÈNE Ire.

CLARISSE.

Quel changement depuis quelques jours!... Monsieur est rêveur; Madame paraît moins dissipée; la pauvre Adèle est languissante; languissante... c'est bien naturel; seize ans, et amoureuse d'un jeune homme que Monsieur et Madame ne voudront peut-être pas pour gendre... Monsieur Sainville est toujours généreux : je n'ai vu que deux fois son rival, et je ne puis qu'applaudir au choix qu'a fait ma jeune maîtresse.

SCÈNE II.

CLARISSE, GERMAIN.

GERMAIN.

Bonjour à la gentille Clarisse.

CLARISSE.

Vous êtes bien matinal, monsieur Germain.

GERMAIN.

Je suis ponctuel quand mon maître m'envoie dans cette maison; mais je suis lent quand je m'en éloigne.

CLARISSE.

Hé pourquoi?

GERMAIN.

C'est que je viens vous voir avec plaisir, et ne vous quitte qu'à regret.

CLARISSE.

Mais voilà de la galanterie!

GERMAIN.

De la galanterie! C'est plus que cela, Mademoiselle.

CLARISSE.

Hé qu'est-ce donc?

GERMAIN.

C'est de l'amour. Je n'ai pu résister au minois séduisant de l'aimable Clarisse. Pourrai-je espérer que ma personne ne lui sera pas désagréable?

CLARISSE.

Vous êtes trop prompt, car nous nous connaissons à peine... Vous oubliez l'objet qui vous amène ici; peut-on le savoir?

GERMAIN.

Mon maître m'a chargé de demander à Mme Rimper

et à sa fille la permission de venir leur faire sa cour aujourd'hui.

CLARISSE.

A-t-il besoin d'un ambassadeur pour annoncer sa visite ?

GERMAIN.

C'est l'usage chez les grands, et nous sommes esclaves des manières qui distinguent les gens de cette sorte.

CLARISSE.

Votre maître est donc né de quelque seigneur illustre ?

GERMAIN.

Son père était attaché à un gentilhomme espagnol qui passa en Amérique.

CLARISSE.

En quelle qualité ?

GERMAIN.

En qualité de valet-de-chambre, ce qui ne déroge pas. Son maître mourut, et lui laissa une habitation, sur laquelle il fit une fortune brillante qui s'élève à plusieurs millions.

CLARISSE.

Et la mère ?

GERMAIN.

La mère était ce que nous appelons en Amérique une femme de couleur.

CLARISSE.

Une négresse ?

GERMAIN.

Pas tout à fait.

CLARISSE.

Hé comment monsieur le valet-de-chambre se détermina-t-il à contracter un pareil mariage ?

GERMAIN.

Il ne l'épousa jamais.

CLARISSE.

Monsieur le chevalier...

GERMAIN.

Est un enfant de l'amour, ou, ce qui est plus juste, de l'ennui, car dans les contrées qui l'ont vu naître l'oisiveté n'a aucun sujet de distraction ; l'on y fait l'amour par calcul ; le dégoût s'en mêle, le changement devient utile, et le mariage nuirait aux intérêts du patron.

CLARISSE.

Monsieur et madame Rimper connaissent-ils l'origine de votre maître ?

GERMAIN.

Sans doute.

CLARISSE.

Et les grands qui vous servent de modèles en sont-ils instruits ?

GERMAIN.

Le chevalier ne peut la cacher ; on la lit sur sa figure.

CLARISSE.

Il a donc des qualités extraordinaires et des talens supérieurs ?

GERMAIN.

Il a bonne opinion de sa personne ; ne s'occupe de

rien, parce que dans son pays l'on ne pense qu'à amasser de l'or; mais il a un superbe équipage; il donne des repas splendides, parle de tout avec confiance, juge les arts d'une manière tranchante, prête de l'argent aux parasites; quoique très-intéressé, il en donne aux artistes médiocres qui le prônent, et est recherché des filles, qui convoitent sa fortune.

CLARISSE.

Pense-t-il que tous ces gens-là soient sincères ?

GERMAIN.

Sans contredit; l'or fait perdre la mémoire à ceux qui en ont beaucoup; il a effacé la couleur du visage de mon maître et légitimé sa naissance.

CLARISSE.

Il est vrai qu'il a fait bien des métamorphoses.

GERMAIN.

La plupart de ceux qui se disent amis du chevalier n'ont-ils pas aussi besoin d'oublier le passé? et n'est-ce pas comme lui qu'ils ont effacé bien des taches?

CLARISSE.

J'en conviens.

GERMAIN.

Voudriez-vous me permettre de vous demander confidence pour confidence, et causer de vos maîtres?

CLARISSE.

Je ne cause de mes maîtres que quand cela peut leur être utile.

GERMAIN.

Cette discrétion ne répond ni à ma confiance ni à mon amour.

CLARISSE.

Votre confiance je n'en ai plus besoin; votre amour je vous en remercie.

GERMAIN.

Pourquoi, mademoiselle?

CLARISSE.

Parce que l'amour du nouveau monde m'épouvante.

GERMAIN.

Mais...

CLARISSE.

Voici M. Rimper; acquittez-vous de votre message, et agréez ma révérence.

SCÈNE III.

RIMPER, CLARISSE, GERMAIN.

RIMPER.

Ah! te voilà, Germain?

GERMAIN.

Monsieur le chevalier vous présente ses civilités, et demande à vos dames la permission de venir leur faire sa cour.

RIMPER.

Dis à ton maître qu'il me fera plaisir et honneur, et qu'il sera toujours bien reçu chez moi. (A Clarisse.) J'ai à parler à Madame; priez-la de venir.

(Clarisse sort d'un côté, et fait une révérence à Germain, qui sort de l'autre.)

SCÈNE IV.

RIMPER.

Je pourrai donc encore une fois utiliser mes portes ! L'occasion est favorable; les faillites qui sont le résultat de l'imprévoyance facilitent celles que l'on fait par calcul; il n'y a que les sots qui s'y laissent prendre : à quoi servirait l'expérience dans les affaires si l'on était dupe des circonstances? Les banqueroutes se multiplient, a-t-on soin de répéter souvent... On ajoute avec une consternation affectée : J'ai perdu sur toutes les places de l'Europe, quoique l'on ait ses fonds en portefeuille... L'on prend des précautions qui mettent à couvert la moitié de vos capitaux, et l'on a l'air d'être entraîné par le torrent, tandis que l'on établit solidement sa fortune sur les débris de celles des insensés qui se piquent d'une belle délicatesse... Naudar m'a déjà été d'un grand secours; deux fois il a décidé mes créanciers à accepter les arrangemens favorables qu'il avait médités... Ne mettez point votre bilan au greffe, vous recommande-t-il, et l'on ne pourra vous accuser d'être failli. Prudente maxime! Aucun procureur ne peut lui disputer son rare talent dans un moment de crise; grossir des pertes, diminuer des bénéfices, faire paraître et classer des créances supposées, sont pour lui des choses aisées. Je suis toujours plus étonné de la fertilité de ses ressources.

SCÈNE V.

RIMPER, Mme RIMPER.

Mme RIMPER.

Il faut, monsieur, que les affaires dont vous voulez m'entretenir soient bien pressantes pour que, sans égards, vous me dérangiez à l'heure qu'il est !

RIMPER.

Mais, madame, il est plus de midi.

Mme RIMPER.

Vous savez que je ne sors de mon appartement qu'après deux heures, et j'étais dans une occupation très-sérieuse quand, par votre ordre, l'on est venu me troubler; j'écrivais au chevalier que je n'irai point au concert ce soir; je l'invitais à venir passer une quinzaine au château, où j'aurai soin d'avoir une compagnie choisie pour me dédommager des privations que vous m'imposez dans cette circonstance.

RIMPER.

Toujours de l'humeur, des reproches.

Mme RIMPER.

C'est que vos manières sont si étranges ! Pas la plus

petite attention. Il est vrai que la disproportion de nos âges...

RIMPER.

La disproportion de nos âges! Je sais que c'est contre votre volonté que je suis devenu votre époux, et c'est un tort que j'ai eu; mais vous, qui exigez tant d'attentions de la part de tout le monde, ne devriez-vous pas avoir des égards pour les autres, et surtout pour moi?

Mme RIMPER.

Soyez raisonnable, complaisant, et l'on aura des égards.

RIMPER.

Raisonnable! Il est vrai, madame, je manque de raison quand, dans l'instant que je vais suspendre mes paiemens, je vous laisse étaler un luxe impolitique! Mais cette déraison ne vient-elle pas de mon trop de complaisance?

Mme RIMPER.

Ma fortune ne me met-elle pas à même de me passer de la vôtre?

RIMPER.

Oubliez-vous que je n'ai reçu que cinquante mille écus pour votre dot, et que je vous en ai reconnu deux cent mille, qui furent le fruit de mon premier malheur? N'ai-je pas acheté, à vos sollicitations et par complaisance, la terre de la Renardière, qui est d'un revenu de vingt-cinq mille francs, lors de mon second malheur? N'êtes-vous pas la maîtresse de ce même revenu, qui ne suffit pas à votre dépense, qu'il faut cependant modérer pour quelque temps?

Mme RIMPER.

Modérer! Ne l'ai-je pas déjà fait? Ma dépense du mois passé ne s'élève qu'à cinq mille francs; mon équipage est à la campagne.

RIMPER.

Il est bien que vous y alliez vous-même, et surtout de n'y avoir qu'une compagnie discrète... J'espère que ce troisième malheur assurera une fortune assez considérable à nos enfans... Il y a tant d'entraves maintenant, qu'il faut préparer une banqueroute au moins deux années à l'avance.

Mme RIMPER.

Croyez-vous, mon ami, pouvoir acheter l'hôtel que je désire dans la chaussée d'Antin?

RIMPER.

Cet hôtel pourra nous convenir si nous terminons le mariage d'Adèle avec le chevalier.

Mme RIMPER.

N'est-ce pas une affaire décidée?

RIMPER.

J'ai quelque répugnance; sa naissance, sa couleur...

Mme RIMPER.

Ces scrupules ne sont point de saison; le chevalier a cent mille francs de rente, et peut disposer de sa fortune.

RIMPER.

Nous destinions Adèle à Sainville; la douceur du caractère de ce jeune homme a pu l'intéresser.

Mme RIMPER.

Adèle suivra ma volonté. Avec ses beaux principes de délicatesse, Sainville ne prospérera point.

RIMPER.

Mais alors je me vois forcé de le comprendre dans mon bilan, pour ne pas rembourser la totalité de la somme que j'ai à lui.

Mme RIMPER.

Le pouvez-vous sans vous compromettre ? Un dépôt !...

RIMPER.

J'ai des lettres de feu son père, adressées à votre oncle de Liersols, qui l'autorisent à faire valoir ces fonds s'il en trouve l'occasion.

Mme RIMPER.

C'est différent.

RIMPER.

L'ancien tuteur de Sainville, Dermon, m'inquiète; sa sévérité est extrême; je crains qu'il n'y ait pas moyen de lui faire entendre raison : il viendra sûrement à Paris s'il est instruit de l'état de mes affaires.

Mme RIMPER.

Ne pourrait-on pas le gagner, le séduire?

RIMPER.

Le gagner! Il est philosophe. Le séduire! Il n'aime pas l'argent.

Mme RIMPER.

Au reste, de quel droit?

RIMPER.

Il fut le tuteur de Sainville. Quant aux intérêts, mes comptes y suppléeront. J'ai besoin de consulter Naudar : je lui ai communiqué les lettres qui peuvent m'autoriser à ne pas considérer les fonds de Sainville comme un dépôt. Je lui ai fait dire de venir; il est bien longtemps à paraître... Le voici.

SCÈNE VI.

Mme RIMPER, NAUDAR, RIMPER.

NAUDAR.

J'ai l'honneur de présenter mes respectueux hommages à madame de Rimper... Je ne lui demande pas l'état de sa santé; le teint le plus frais, l'œil le plus vif, la bouche la plus vermeille, et la taille, quelle élégance! quelle grâce!...

Mme RIMPER.

Toujours poli, M. Naudar!

NAUDAR.

Poli! Me feriez-vous l'injustice de prendre ce que je viens d'avoir l'avantage de vous adresser pour une simple politesse? Vous auriez grand tort; je ne suis que l'écho de tous ceux qui vous voient... Je vous ai fait attendre, monsieur Rimper? J'en suis au désespoir; mais le moment est critique, et la circonstance favorable, car depuis huit jours il m'est survenu dix faillites.

RIMPER.

Dix faillites! C'est beaucoup pour vous.

NAUDAR.

Il y en a trois de mauvaises. J'ai conseillé de mettre le bilan au greffe, contre ma coutume : ce sont des hommes imprévoyans, remplis de probité, entraînés par suite d'autres banqueroutes, qui n'ont aucun moyen pour soustraire un sou à leurs créanciers ; ils veulent leur abandonner tout ce qu'ils ont et se mettre à leur merci... Mauvais parti; ils en seront les dupes et peut-être les victimes. Tant pis pour eux; avec ces beaux principes l'on meurt à l'hôpital.

RIMPER.

Y en a-t-il de considérables?

NAUDAR.

Deux sur lesquelles je compte beaucoup... Parlons de votre suspension; elle fait déjà grand bruit; il faut arranger dans la journée. Je n'ai point encore examiné votre situation avec exactitude ; mais je vais le faire sans perdre de temps, et nous prendrons ensuite un parti prompt et violent.

Mme RIMPER.

Croyez à la reconnaissance de mon mari et à la mienne.

NAUDAR.

Rien ne sera difficile à votre respectueux serviteur pour vous être agréable. J'ai les deux cent mille francs de traites tirées de Hambourg que nous ferons figurer; c'est déjà quelque chose... Le prête-nom a de grands besoins.

RIMPER.

Vous avez toute ma confiance, mon cher M. Naudar ! Je voudrais savoir quel moyen nous pourrions prendre pour faire entrer les trois cent mille francs de Sainville dans la balance de mes affaires ?

NAUDAR.

Votre confiance m'honore. Les lettres du père que vous m'avez montrées rendent la chose facile ; je me propose de le comprendre dans votre dernière expédition pour la Guiane, faite à Bordeaux il y a peu de temps.

Mme RIMPER.

C'est bien vu ; l'on n'ira pas à Bordeaux pour s'assurer des faits.

NAUDAR.

J'aurai des comptes prêts que nous ferons signer

dans un cas urgent, et pour ceux de la vente nous en créerons bien vite.

RIMPER.

J'ai toujours l'attention de laisser de la place dans les feuilles de mon journal, afin de passer les articles dont on a besoin pour faire cadrer les écritures avec le bilan, comme vous me l'avez recommandé.

NAUDAR.

C'est très-bien. Nous aurons peut-être de la peine ; dans ce cas nous offrirons un peu plus ; il est des circonstances où il faut savoir modérer son ambition... Vous fîtes une grande faute dans votre dernière suspension ; vous manquez à Paris de huit cent mille francs, et vous faites acheter dans le même moment pour un million de denrées coloniales à Hambourg, et par un de vos agens (car voilà la maladresse), que vous payez comptant : c'est une imprudence des mieux conditionnées, qui a fait repentir vos créanciers d'avoir accepté les vingt-cinq pour cent que vous leur avez donnés, et qui rendra ceux d'aujourd'hui difficiles, et peut-être récalcitrans.

RIMPER.

Mon tort fut de ne pas vous en prévenir.

NAUDAR.

Sans doute ; nous eussions pris des précautions. De combien déclarez-vous votre suspension ?

RIMPER.

Mais... de deux millions.

NAUDAR.

J'ai vos livres dans mon cabinet; je vais dresser votre bilan. Quant à nos arrangemens, les mêmes que la dernière fois, quoiqu'il y ait beaucoup plus de peine, et même des risques... Vingt pour cent sur les bénéfices.

Mme RIMPER.

Monsieur Naudar est raisonnable.

NAUDAR.

Je ne suis pas intéressé, incomparable dame !

RIMPER.

J'y consens. Vous devez être riche.

NAUDAR.

Je prospère assez. J'ai pour six millions de faillites dans ce moment; si j'en fais gagner la moitié aux débiteurs, j'arrondis ma petite fortune. A quand la noce de l'aimable Adèle avec le chevalier? C'est une bonne affaire; cent mille francs de rente bien nets et bien clairs.

Mme RIMPER.

Immédiatement après l'arrangement des affaires de mon mari.

NAUDAR.

Quelle est la dot ?

RIMPER.

Mais... Cinq cent mille francs, si je termine ce troisième malheur aussi avantageusement que je me le propose.

NAUDAR.

Vous pourriez mieux faire.

RIMPER.

Il ne faut pas que j'oublie la fortune de mon fils.

Mme RIMPER.

A propos, il y a longtemps qu'il n'est venu nous voir.

RIMPER.

Il faut laisser passer cet orage, et puis nous nous réunirons tous au château.

Mme RIMPER.

M. Naudar nous fera-t-il l'honneur d'y venir passer quelques jours?

NAUDAR.

Au premier moment de calme je m'en ferai un vrai plaisir; on quitte avec joie l'austérité de Thémis pour aller se délasser dans une maison champêtre dont le modèle des grâces fait les honneurs. Je vous quitte, et reviens dans peu vous mettre dans le cas d'arranger promptement, d'une manière convenable et solide, avec vos créanciers.

SCÈNE VII.

Mme RIMPER, RIMPER.

Mme RIMPER.

Vous ne lui avez point parlé de Dermon.

RIMPER.

Il ignore qu'il fut le tuteur de Sainville, et comme son rigorisme est connu, cela eût pu attiédir le zèle de Naudar; je lui en parlerai quand il en sera temps. Voici Adèle qui vient nous souhaiter le bonjour; informez-la de nos intentions.

SCÈNE VIII.

Mme RIMPER, RIMPER, ADÈLE.

ADÈLE.

Maman, tu es déjà sortie de ton appartement! Je n'ai pu t'y souhaiter le bonjour. (Elle l'embrasse.) Bonjour, papa. (Elle l'embrasse.)

RIMPER.

Bonjour, Adèle. Adèle, ta maman doit t'entretenir d'une affaire sérieuse; reste avec elle. Adieu, ma fille.

SCÈNE IX.

Mme RIMPER, ADÈLE.

ADÈLE.

Une affaire sérieuse, maman! C'est la première de laquelle tu me parleras, car tu m'ordonnes toujours de me retirer quand papa vient te consulter.

Mme RIMPER.

Celle-ci te concerne.

ADÈLE.

Moi, maman?

Mme RIMPER.

Oui, ma fille. Le chevalier Dubouage te demande en mariage.

ADÈLE.

Je suis encore trop jeune, et je me souviens que tu m'as répété bien souvent qu'il ne fallait pas se marier trop tôt.

Mme RIMPER.

Quand l'homme à qui l'on s'unit a des qualités, une grande fortune, et que les âges sont assortis...

ADÈLE.

Monsieur le chevalier est beaucoup plus âgé que moi.

Mme RIMPER.

Pas tant, ma fille; dix années de plus ne blessent point les convenances quand c'est l'époux qui les a.

ADÈLE.

Il me semble t'avoir encore entendu dire que papa était trop vieux pour toi quand tu l'as épousé.

Mme RIMPER.

Votre père a vingt-cinq ans de plus que moi. Mais, Adèle, préférerais-tu quelqu'un au chevalier pour ton mari?

ADÈLE.

Oui, maman.

Mme RIMPER.

Comment, mademoiselle!

ADÈLE.

Ne te mets pas en colère ; tu veux que je te dise ce que je pense.

Mme RIMPER.

C'est fort bien de me dire la vérité. C'est sans doute M. de Sainville?

ADÈLE.

Oui, maman.

Mme RIMPER.

Je vous défends, mademoiselle, de parler à Sainville, et vous ordonne de l'éviter : je vous destine le chevalier pour époux ; dans peu vous serez unis. Ne vous permettez aucune observation, et songez à m'obéir.

SCÈNE X.

ADÈLE.

Comme mon cœur s'est serré! Je n'ai jamais ressenti une douleur si vive. Quand mon frère me quitte je pleure, mais je souffre bien moins. Ne plus parler à M. Sainville! Ciel!... Le voici.

SCÈNE XI.

ADÈLE, SAINVILLE.

SAINVILLE.

Dites-moi, je vous supplie, aimable Adèle, à quoi

je dois attribuer l'accueil froid que je reçois de madame votre mère ? Mais vous vous troublez et gardez le silence... Votre cœur...

ADÈLE.

N'accusez pas mon cœur; il me fait manquer à mon devoir, puisque maman m'a défendu de vous parler, et m'a même ordonné de vous fuir.

SAINVILLE.

Je redoutais ce malheur.

ADÈLE.

Elle m'a annoncé qu'elle me destinait le chevalier pour époux.

SAINVILLE.

Le chevalier est riche, et cela flatte la vanité de madame votre mère.

ADÈLE.

Ne vous fâchez pas contre maman, M. Sainville ; voyez papa; dites-lui que je n'aime pas le chevalier, et que mon cœur vous préfère.

SAINVILLE,

Chère Adèle !

ADÈLE.

Vous le voyez, j'oublie les ordres de maman; il est vrai qu'elle ne m'a pas défendu de vous prévenir de sa volonté. Adieu, M. Sainville ; j'espère en la bonté de papa.

SAINVILLE.

Je ne vous retiens pas, et vais tout tenter pour fléchir vos parens.

ADÈLE.

Croyez qu'Adèle ne sera pas heureuse si vous n'êtes heureux vous-même.

SCÈNE XII.

SAINVILLE.

Femme cruelle ! ton cœur ne ressentit jamais les douces émotions de l'amour... Sacrifier le bonheur de sa fille à une sordide cupidité !

SCÈNE XIII.

SAINVILLE, DERMON.

SAINVILLE.

O mon digne ami, que vous venez à propos pour que j'épanche mes chagrins dans votre cœur ! Combien j'ai besoin de vos conseils !

DERMON.

Je vous ai fait prévenir de ma venue sans vous instruire du motif qui m'a retiré de ma retraite pour quelques instans ; mais c'est pour vos intérêts, mon cher Sainville, que je l'ai quittée.

SAINVILLE.

Ne doutez jamais de ma reconnaissance. Je vous ai fait part dans mes lettres de mes projets d'établissement, de mon amour pour Adèle.

DERMON.

Il faut s'occuper d'un objet plus sérieux, de votre fortune. Connaissez-vous la situation des affaires de M. Rimper?

SAINVILLE.

Mais, à en juger par la dépense que l'on fait dans la maison, par le luxe de madame, elles doivent être brillantes.

DERMON.

Vous savez, Sainville, que je fermai les yeux à votre vertueux père. Ce digne homme, qui avait fructifié dans le commerce, n'avait jamais blessé la délicatesse, et il était du petit nombre de ces négocians estimables qui ne redoutent point l'examen le plus sévère; il ne se retira pas assez tôt des affaires, et, étranger au nouvel agiotage qui avilit aujourd'hui la profession de négociant, jadis si honorable, il en fut la victime. Il ne vous laissa qu'une fortune médiocre, pour ne pas souiller sa mémoire par une action qui eût répugné à sa probité; il paya tous ses créanciers, même ceux qui ne l'étaient que par suite de sa crédule confiance envers des hommes dont il avait cautionné les opérations, et qui furent imprudens ou coupables.

SAINVILLE,

Combien j'aime à vous entendre parler ainsi de mon respectable père!

DERMON.

Les fonds qu'il avait à la Martinique chez M. de Liersols, oncle de M. Rimper, furent les seuls qui échappèrent à ce naufrage. Comme votre tuteur, j'en demandai compte : M. de Liersols les fit passer à son neveu Rimper; ils ont été liquidés à trois cent mille francs, quoiqu'ils dussent s'élever à beaucoup plus. Depuis lors, par un arrangement qui vous flattait, et que je crus avantageux, ils sont restés dans ses mains. Votre dépense est bornée; je rends justice à votre conduite et à vos qualités estimables. Mais vous a-t-on exactement rendu compte des intérêts de cette somme?

SAINVILLE.

Deux mille écus m'ont toujours suffi pour mes dépenses de l'année.

DERMON.

C'est donc de neuf mille francs que votre capital s'est accru chaque année : il y en a six que M. Rimper en est le détenteur; ces intérêts font une assez forte somme. Vous crûtes devoir lui laisser encore votre fortune lors de son second dérangement; mais je viens maintenant vous engager, et vous ordonner s'il le faut, non pas en ma qualité de tuteur, puisque l'âge vous a soustrait à cette autorité, mais comme l'ancien ami de votre père, comme le vôtre, de sommer M. Rimper de vous rendre compte, et de tenir à votre disposition, aujourd'hui même, toutes les sommes dont il est le dépositaire et qui vous appartiennent.

SAINVILLE.

Mais pourquoi cette précipitation?

DERMON.

Parce que M. Rimper suspend pour la troisième

fois ses paiemens, que sa faillite fait du bruit, et que ses créanciers ne seront pas faciles, étant convaincus qu'il y a inconduite ou mauvaise foi dans son fait.

SAINVILLE.

Suspendre ses paiemens! Manquer pour la troisième fois!

DERMON.

Eh! comment pouvez-vous l'ignorer?

SAINVILLE.

Pouvais-je le soupçonner, quand tout annonce l'opulence, quand le langage ne respire que la délicatesse du sentiment, et qu'on la pousse jusqu'au ridicule? Madame Rimper sortit l'autre jour du spectacle, à la représentation d'une pièce de Molière, parce qu'il y avait des termes trop libres.

DERMON.

On ne rougit des mots que lorsqu'ils nous retracent nos vices. Il est temps, Sainville, que vous preniez un état : vous avez à choisir; le commerce, le barreau, le militaire.

SAINVILLE.

Le commerce flatte aussi peu mes goûts que mes sentimens; il est si difficile à l'honnête homme qui l'exerce d'échapper aux intrigans qui le déshonorent! Le barreau... Que celui qui veut remplir ses devoirs dans cette profession, qui fut le chemin des honneurs et de la gloire dans Athènes et dans Rome, doit s'attendre à des contradictions, à des humiliations même! Quand la richesse donne la considération, la justice est rarement respectée. Le militaire... On y rencontre encore des hommes francs et probes, qui, au milieu de la corruption générale, conservent la loyauté qui distinguait nos ancêtres; je le choisirais, si une passion insurmontable ne m'enchaînait auprès d'Adèle, et si la crainte de la perdre ne me mettait au désespoir.

DERMON.

Les douceurs de l'amour et les devoirs de l'hymen ne sont point incompatibles avec les travaux de la guerre.

SAINVILLE.

Vous m'avez servi de père; continuez d'être mon guide. Un rival riche, mais qui n'est point aimé d'Adèle, m'est préféré par ses cupides parens : le dérangement des affaires de M. Rimper retardera le mariage qu'ils ont projeté; profitons de ce moment pour prévenir mon malheur. Quant à mes intérêts, vos conseils régleront ma conduite; mais songez que les richesses ne sont rien sans la félicité du cœur.

DERMON.

Et sans la tranquillité de la conscience. L'on projète un mariage avec un homme très-opulent au moment que l'on annonce une banqueroute; l'on accommodera promptement et avec le moins de bruit possible : cela ne peut être que le résultat d'un calcul qui n'est que trop familier à Rimper : quelle bassesse ! Sainville, venez chez moi; nous tâcherons de conserver votre fortune sans nuire à votre amour.

FIN DU PREMIER ACTE.

ACTE SECOND.

SCÈNE Ire.

LE CHEVALIER DUBOUAGE, GERMAIN.

LE CHEVALIER.

Oui, Germain, je donne la préférence à Adèle. La fille de cet homme important ne me convient pas : les grâces naïves de mademoiselle Rimper l'emportent sur l'air impérieux de sa rivale. Le sort d'un négociant prudent qui a des capitaux assurés est à l'abri des orages qui menacent sans cesse le courtisan, qui n'a pour toute fortune que les revenus de son emploi, et les honneurs sont bien peu de choses sans les richesses.

GERMAIN.

Monsieur voit toujours les choses du bon côté.

LE CHEVALIER.

Annonce-moi chez Mme Rimper.

SCÈNE II.

LE CHEVALIER.

D'honneur, c'est une famille très-aimable que celle

dans laquelle je veux entrer. Je ne pense pas que M. de Sainville soit assez vain pour croire de l'emporter sur moi ; le rang que ma fortune me donne dans le monde, la considération dont elle m'entoure, et quelques qualités personnelles dont je ne me vante pas, doivent lui ôter toute espérance. J'ai conçu l'idée d'une soirée brillante ; j'y rassemblerai ce que Paris a de plus aimable, des savans, des artistes, des dames, qui seront humiliées par la beauté d'Adèle et jalouses de son bonheur. Je connais un poëte qui me fera une petite comédie analogue à la circonstance ; je lui paierai son silence ; l'on m'en croira l'auteur ; j'en recevrai des complimens, et l'on admirera et la magnificence de la fête et le génie de celui qui l'aura ordonnée.

SCÈNE III.

LE CHEVALIER, Mme RIMPER, GERMAIN.

Mme RIMPER.

M. le chevalier, vous prévenez mon message ; vous allez recevoir une invitation de ma part.

LE CHEVALIER.

Une invitation ! Dites des ordres, Madame. Puis-je savoir ce qui me valait ce message, que je regrette de n'avoir pas reçu ? J'eusse gardé précieusement ce billet.

Mme RIMPER.

Vous mettez trop de prix à une bagatelle, chevalier ; il s'agit d'une invitation pour aller à la campagne.

LE CHEVALIER.

Quoi, madame, vous retardez mon bonheur! Le cœur d'Adèle me serait-il défavorable?

Mme RIMPER.

Ma fille obéira sans résistance; mais il faut attendre encore quelques jours. Germain, dites à Clarisse que je veux parler à Adèle.

SCÈNE IV.

LE CHEVALIER, Mme RIMPER.

LE CHEVALIER.

De grâce, madame, abrégez ces délais! Qui peut les occasionner, quand vous daignez me protéger auprès d'Adèle?

SCÈNE V.

Mme RIMPER, LE CHEVALIER, ADÈLE, CLARISSE, GERMAIN.

LE CHEVALIER.

Je suis au comble de la joie, mademoiselle, de ce que vous consentez à mon bonheur; elle n'est troublée que par le retard qu'on y apporte. Que j'entende de votre jolie bouche la confirmation de ma félicité!

Mme RIMPER.

Hé bien, vous gardez le silence!

ADÈLE.

Maman, dois-je dire à M. le chevalier que tu veux qu'il soit mon époux ?

Mme RIMPER.

Quand je vous autorise à déclarer vos sentimens, cette retenue est déplacée, et pourrait être prise pour de l'embarras.

LE CHEVALIER.

Cet embarras prouve de la modestie. Je ne puis interpréter ce silence qu'en ma faveur, sans faire tort au discernement de mademoiselle. Je vais commander votre équipage; il sera des plus élégans, et je demande à madame la permission de donner une petite fête qui prouve mon empressement à vous plaire.

ADÈLE.

Rien ne presse, M. le chevalier.

Mme RIMPER.

J'allais sortir pour quelques emplettes quand on vous a annoncé ; mais, chevalier, je sortirai tantôt. Allons faire un tour dans le jardin, et je vous instruirai des motifs qui nécessitent un petit retard indispensable à votre hymen avec ma fille. Adèle, allez dans votre appartement.

SCÈNE VI.

ADÈLE, CLARISSE, GERMAIN dans l'éloignement.

CLARISSE.

Oui, mademoiselle, allez dans votre appartement;

mais, si vous m'en croyez, faites tête à l'orage; montrez du caractère.

ADÈLE.

Puis-je résister à maman?

CLARISSE.

Quand il s'agit du bonheur ou du malheur de notre vie entière...

GERMAIN, à part.

La suivante n'est pas pour nous; il faut que je lui parle.

ADÈLE.

Je n'oserai jamais; je tremble.

CLARISSE.

Hé bien, obéissez sans vous plaindre.

ADÈLE.

Que tu es cruelle! Puis-je dire à un homme qui me déplaît que je le préfère à celui qui a mon cœur? Je ne me résoudrai jamais à ce mensonge.

CLARISSE.

L'on nous écoute; retirez-vous; je vais vous suivre.

ADÈLE.

Ne tarde pas; j'ai besoin de te parler; cela calme ma peine.

SCÈNE VII.

CLARISSE, GERMAIN.

CLARISSE.

Vous nous écoutiez! Ce n'est pas bien, M. Germain.

GERMAIN.

Le seul désir de causer un instant avec vous m'a retenu.

CLARISSE.

Qu'avez-vous à me dire?

GERMAIN.

Reprenons notre premier entretien.

CLARISSE.

Je n'ai rien à y ajouter.

GERMAIN.

Je ne suis pas moins disposé à vous dire qu'il serait très-heureux pour moi qu'il se fît deux mariages dans cette maison.

CLARISSE.

Il est possible qu'il ne s'en fasse aucun de ceux que vous entendez.

GERMAIN.

Vous n'êtes pas pour nous.

CLARISSE.

Non.

GERMAIN.

Avons-nous un rival?

CLARISSE.

Je n'en sais rien, ou ne veux pas le dire.

GERMAIN.

Le père et la mère nous protégent.

CLARISSE.

Si l'amour est contre vous, il sera le plus fort.

GERMAIN.

Des hommes comme nous, qui voient les beautés les plus fières soumises à leurs volontés!

CLARISSE.

Ne soyez pas si orgueilleux, messieurs les grands conquérans des cœurs! Et qu'êtes-vous donc auprès de nous, hommes qui vous croyez si redoutables? Enfans, nous vous élevons; jeunes, nous vous maîtrisons; vieux, nous vous remettons à la lisière : en tout temps nous vous menons comme il nous plaît, souvent en nous moquant de vous, et vous êtes trop heureux, malgré vos hautes prétentions, d'être en tout et partout nos très-humbles serviteurs.

GERMAIN, à part.

Elle a raison.

SCÈNE VIII.

RIMPER, CLARISSE, GERMAIN.

RIMPER.

Naudar est-il venu?

CLARISSE.

Non, Monsieur.

RIMPER.

Je l'attends ici. J'ai besoin d'être seul.

SCÈNE IX.

RIMPER.

Je suis dans une cruelle agitation; j'attends Naudar avec la plus vive impatience. Je lui ai donné des matériaux pour mon bilan; il doit être dressé... Il aura fait appeler les créanciers... Que de traverses à vaincre ! que de peines à souffrir pour s'assurer une fortune honnête !

SCÈNE X.

RIMPER, NAUDAR.

NAUDAR.

J'ai l'honneur d'être le plus humble de vos serviteurs.

RIMPER.

Ah ! j'avais besoin de vous voir, mon cher monsieur Naudar. Quelle nouvelle ?

NAUDAR.

Nous aurons beaucoup d'oppositions à combattre, et il faut nous attendre à la plus vive résistance de la part des principaux créanciers.

RIMPER.

En avez-vous vu quelqu'un ?

NAUDAR.

Déjà plus de la moitié; il en est d'une ténacité à

désespérer. Voici le bilan : il n'y a rien à dire; tout est prévu. J'ai mis votre journal en règle. L'on oppose votre opération de Hambourg, comme je l'avais craint; les capitaux, l'équipage de Madame, le luxe de toute votre maison... Vous pouvez bien croire que c'est alors que j'ai fait valoir les six cent mille francs reconnus à Madame, représentés par les capitaux qui vous sont absolument étrangers; l'opulence de sa famille... J'en ai appaisé quelques-uns; mais le plus considérable, M. Dabins, porté pour quatre cent cinquante mille francs, est furieux; il n'y a pas moyen de lui faire entendre raison.

RIMPER.

Ce sont toujours les plus riches qui sont le moins accommodans. Voyons cette balance. *Doit,* dix-neuf cent quatre-vingt-dix-sept mille cinq cent soixante francs; *avoir,* six cent dix-sept mille trois cent vingt-quatre francs; *pertes,* treize cent quatre-vingt mille deux cent trente-six francs. C'est très-bien; vous présentez plus de trente pour cent... Y a-t-il des créanciers assez peu raisonnables pour ne pas se contenter de trente pour cent?

NAUDAR.

J'ai offert de les donner comptant, et sur-le-champ; mais Dabins ne veut rien perdre.

RIMPER.

Qu'il prenne donc tout ce qui me reste; qu'il me ruine tout à fait.

NAUDAR.

Je les ai tous invités, excepté Sainville, que je ferai

prévenir en rentrant, de se trouver ce soir à six heures chez moi. Croyez que je mettrai du zèle à défendre vos intérêts, qui d'ailleurs deviennent les miens; si vos espérances sont frustrées, les miennes le seront aussi. Du courage, monsieur Rimper, c'est au moment de la tempête qu'il faut avoir du sang-froid.

RIMPER.

Je n'en manque pas; mais craindre de voir le fruit de tant de travaux, de tant de précautions perdu, cela est désespérant.

NAUDAR.

L'essentiel c'est de terminer avant que le tribunal de Commerce puisse s'en mêler... Si Derfel m'avait cru, s'il avait agi avec célérité, il ne serait pas en jugement.

RIMPER.

N'y aurait-il pas moyen de désintéresser Dabins par une somme donnée de la main à la main?

NAUDAR.

Il faut se garder de lui faire cette proposition; l'on doit connaître bien ses gens avant de hasarder une pareille chose. Dabins se pique de principes; il serait capable de divulguer cette démarche, qui, une fois publiée, deviendrait très-funeste, en ce qu'elle augmenterait les prétentions des autres créanciers. Il doit partir ce soir même pour Bordeaux; il veut en finir aujourd'hui; peut-être cette circonstance le déterminera-t-il à faire quelque sacrifice.

RIMPER.

Il faut offrir un peu plus.

NAUDAR.

Offrir plus que ne porte le bilan de vos propres deniers serait une maladresse; je ferai intervenir Madame, qui aura l'air de venir à votre secours. Ne vous contenterez-vous pas de huit cent mille francs?

RIMPER.

J'avais compté sur un million; mais, comme vous le disiez tantôt, il faut savoir perdre à propos.

SCÈNE XI.

RIMPER, NAUDAR, LE CHEVALIER.

NAUDAR.

M. le chevalier, agréez l'assurance de mon respect très-humble.

LE CHEVALIER.

Bonjour, M. Naudar. Je viens adresser des reproches à M. Rimper du mystère qu'il m'a fait... Que l'on cache ses affaires à ses amis quand elles sont mauvaises, pour ne pas les chagriner, c'est de la délicatesse; mais ne pas en parler quand c'est un simple calcul, et que sous l'apparence d'un dérangement l'on consolide sa fortune, cela n'est pas bien. Sans l'attention de madame Rimper, j'ignorerais encore cette opération, qui pouvait être mal interprétée.

RIMPER.

J'avais prié Madame de vous en faire part.

LE CHEVALIER.

L'on peut s'entr'aider; par exemple, en doublant la dot d'Adèle, en vous prêtant ma signature; enfin il y a mille moyens, et si je puis vous être utile encore, je viens vous offrir tout ce qui dépendra de moi.

NAUDAR.

De la prudence! A peine dans le monde, vous raisonnez principes d'une manière à faire espérer la plus grande prospérité. Honneur à votre génie, chevalier! à votre esprit d'ordre, et surtout à votre raison précoce!

LE CHEVALIER.

Vous me flattez, M. Naudar.

NAUDAR.

Je rends justice à votre sagacité.

RIMPER.

Je suis reconnaissant de votre bonne volonté en ma faveur; mais les choses sont en état par les soins de M. Naudar, et par les précautions prises depuis longtemps.

LE CHEVALIER.

M. Naudar est un homme d'un talent rare. J'ai quelques affaires; je veux les lui confier.

NAUDAR.

Tout à votre service, M. le chevalier. S'agit-il d'embrouiller une cause très-claire? De faire traîner un procès pendant plusieurs années? Fiez-vous à mes ressources. Je dérouterais le plus hardi chicaneur, et lasserais l'homme le plus patient.

LE CHEVALIER.

Non ; c'est une affaire...

NAUDAR.

Faut-il accabler un adversaire d'injures? Rappeler quelque action qui lui soit nuisible, quelque trait flétrissant pour sa famille? Parlez, M. le chevalier; je suis renommé pour les injures.

LE CHEVALIER.

Trop aimable, M. Naudar ; mais...

NAUDAR.

Est-il question d'arrêter un créancier qui ne paie point? Ne craignez pas que les charmes d'une solliciteuse, les larmes d'un père de famille, la certitude de le ruiner à jamais m'arrêtent; tout cède devant mes devoirs ; aucune considération ne ralentit mon zèle pour mes cliens.

LE CHEVALIER.

Je suis convaincu de toutes vos ressources, et ce n'est pas sans raison qu'on vous nomme le flambeau des banqueroutiers.

NAUDAR.

Et la terreur de mes adversaires. Ma réputation est faite.

LE CHEVALIER.

Je vais vous reconduire, et ensuite j'enverrai chez vous des papiers à examiner. Monsieur Rimper, j'aurai l'honneur de vous revoir dans quelques instants ; je l'ai promis à Madame; je ne puis rester longtemps éloigné de mon incomparable future.

NAUDAR.

Quelle galanterie exquise! quel usage du monde! quelle finesse dans les expressions! J'accepte avec respect, monsieur le chevalier, l'honneur que vous daignez me faire. J'ai à travailler pour M. Rimper, et il faut que dans quelques heures tout soit terminé, pour la tranquillité de cette maison et la célébration du mariage de monsieur le chevalier avec l'intéressante Adèle.

LE CHEVALIER.

C'est charmant!

RIMPER.

Monsieur le chevalier, j'ai l'honneur de vous saluer. Je me recommande et m'abandonne entièrement à vous, mon cher Naudar.

NAUDAR.

Soyez sans inquiétude; nous en viendrons à bout.

SCÈNE XII.

RIMPER.

La présence de cet homme m'inspire du courage; il a une confiance dans ses moyens qui semble assurer tout succès. Cependant l'opposition de Dabins me chagrine : Naudar en triomphera.

SCÈNE XIII.

RIMPER, SAINVILLE, DERMON.

SAINVILLE.

J'ai appris, Monsieur, avec la plus vive douleur, le dérangement de vos affaires. Si le chagrin que j'en ressens était moins grand, il me serait permis de me plaindre de votre manque de confiance; mais l'on n'adresse pas des reproches à quelqu'un qui ne doit avoir besoin que de consolation. Vous êtes instruit des obligations que j'ai à M. Dermon; il m'a servi de père, et il me prouve toujours son amitié en m'éclairant par ses conseils. Sur les premiers bruits de votre suspension de paiemens il était venu me proposer de retirer les fonds que vous avez à moi. J'ai dissipé ses craintes, et l'ai fait consentir à vous offrir ma fortune. Trop heureux, Monsieur, si elle peut empêcher un éclat toujours fâcheux, et qui répugne à tout être délicat, quels que soient les malheurs qu'il ait éprouvés.

RIMPER.

J'ai l'honneur de saluer monsieur Dermon, et de

l'assurer de ma considération. J'espère terminer dans le jour avec mes créanciers. Les pertes que j'ai essuyées sur presque toutes les places de l'Europe m'ont réduit à cette extrémité pour garantir la dot de ma femme, seule fortune qui reste à mes enfans; la malheureuse expédition que je fis à Bordeaux pour la Guiane française il y a quelque temps, et dans laquelle j'avais, pour votre avantage, placé vos fonds, a été ruineuse pour vous et pour moi, et quoique Naudar vous ait compris dans mon bilan, je tâcherai d'adoucir votre perte, et de vous traiter plus favorablement que mes autres créanciers; je vous remettrai fidèlement ce qui vous reviendra, et vous remercie de vos offres.

DERMON.

Vous avez disposé d'un dépôt?

RIMPER.

Pour les intérêts de Sainville j'ai cru devoir en agir ainsi; j'y étais autorisé par des lettres de feu son père, adressées à M. de Liersols, et qui m'ont été transmises par ce dernier.

DERMON.

Est-ce M. Naudar qui vous a conseillé de vous faire un bouclier de ces lettres?

RIMPER.

Mais je n'ai pas consulté sur une chose qui est évidente.

DERMON.

Dites à ce monsieur qu'il est en défaut dans cette

circonstance; que vous tenez cette somme de Sainville, qui vous l'a confiée après la liquidation des comptes de M. Liersols; que vous ne pouviez en disposer sans son consentement, et que tous vos biens en répondent.

RIMPER.

Monsieur, je n'ai rien; tout appartient à ma femme.

DERMON.

Hé bien, Monsieur, vous en répondrez devant les tribunaux.

SAINVILLE à Dermon.

Sans doute vous avez raison d'être surpris; mais employons la douceur pour empêcher M. Rimper d'exécuter cette injustice.

DERMON.

Jeune homme, la générosité est déplacée quand elle est en faveur du vice. J'ai consenti à l'offre que vous venez de faire, parce que j'ai cru que c'était un moyen pour obtenir des comptes, et connaître exactement votre situation. Si j'eusse vu votre fortune assurée, je laissais à votre cœur la jouissance d'obliger le père de celle qui a votre tendresse; j'aurais pu croire alors que le calcul était étranger à cette banqueroute.

RIMPER.

Calcul! banqueroute! Vous m'insultez, Monsieur.

DERMON.

Je n'oublierai point que je suis chez vous; mais il est des circonstances où la vérité doit l'emporter sur les égards hypocrites de la société. Vous aurez abusé de la crédule confiance de cet intéressant jeune homme, vous le dépouillerez de sang-froid, et son tuteur, son ami ne viendra pas à son secours! J'ai ses pouvoirs, et j'agirai moi-même. Avant la fin du jour vous apprendrez peut-être qu'il dépend de moi de décider vos créanciers, et de mettre un terme à vos coupables spéculations.

RIMPER.

C'en est trop, Monsieur; il y a de la cruauté à traiter de la sorte un homme qui est victime de son trop de confiance.

DERMON.

Je sais, Monsieur, qu'il y a des négocians malheureux; mais quand le commerçant honnête a été entraîné par le torrent, il n'achète point de château; il n'étale de luxe que lorsqu'il a tout payé; enfin il ne se croit pas libéré quand, avec le quart de ce qu'il doit, il aura forcé ses créanciers au silence. Et qui ignore que la plupart de ces créanciers n'usent d'indulgence que parce qu'ils calculent que bientôt ils en auront besoin pour eux-mêmes?

SAINVILLE.

Monsieur Dermon...

DERMON.

Sainville, vos intérêts m'obligent à n'écouter que la justice. Je ne prétends pas m'ériger en censeur de la société; mais je dois à la mémoire de votre vertueux père, et à mes sentimens pour vous, de sauver votre fortune du naufrage. Les tribunaux retentiront des plaintes de l'homme franc contre le dépositaire infidèle; l'on déroulera aux yeux du public les manœuvres de la cupidité, et l'on signalera la source de la plupart de ces fortunes colossales qui éblouissent le vulgaire, mais qui excitent l'indignation de l'observateur éclairé et impartial.

RIMPER.

(A part.) (A Dermon.)

Je quitte la place. Comme je suis sans reproche, j'attends vos poursuites sans crainte.

SCÈNE XIV.

SAINVILLE, DERMON.

SAINVILLE à Dermon.

Calmez votre généreux emportement, mon respectable ami : je sens toute la bassesse du procédé de M. Rimper; mais il est le père d'Adèle, que j'adore... Je suis dans un embarras cruel.

DERMON.

Je connais le pouvoir des passions, et malgré la répugnance que j'aurais à vous voir allier à un homme tel que Rimper, je ne vous propose point de vaincre votre amour; je désire même que vous puissiez triompher des obstacles qui s'y opposent; mais pour y parvenir il ne faut point avoir de la faiblesse. Une imprudence vous coûterait votre fortune, et ruinerait vos espérances envers Adèle : avec de la fermeté vous pourrez tout surmonter. En m'occupant de sauver votre bien, objet principal pour moi, je n'oublierai point ce qui sera favorable à votre tendresse pour la fille de Rimper.

SAINVILLE.

Avant d'agir, laissez-moi parler à Adèle; qu'elle connaisse mes motifs et mes intentions. L'on me peindra à ses yeux sous les couleurs les plus défavorables pour me perdre dans son esprit, et je veux prévenir ces funestes impressions.

DERMON.

Voilà bien le langage d'un amant! Occupez-vous du soin de voir votre maîtresse, et moi, qui ne nourris point mon esprit de chimères, je vais agir, mais avec prudence, pour ce qu'il y a de plus sérieux et de plus pressé à faire. Quel moyen avez-vous pour parler à Adèle, et qu'espérez-vous de cette entrevue?

SAINVILLE.

Clarisse, qui l'aime, me procurera l'occasion de la voir. Si Adèle pouvait fléchir la colère de son père, si madame Rimper appréciait les suites que peut avoir la conduite de son mari, la crainte ferait peut-être sur son esprit ce que devrait opérer l'amour maternel sur son cœur.

SCÈNE XV.

DERMON.

Oui, M. Rimper, avant la fin du jour vous aurez la

certitude qu'il dépend de ma volonté de mettre un terme à vos déprédations. Dabins, mon ami d'enfance, m'a écrit ce billet, que je n'ai fait que parcourir. Lisons :

« A peine vous ai-je félicité sur votre retour à la
« capitale, que j'exige un service de votre amitié.

« Obligé de partir de suite pour Bordeaux, pour
« une affaire de la plus haute importance, je ne puis
« ce soir me rendre à l'assemblée des créanciers de
« M. Rimper, indiquée pour six heures, chez Naudar,
« son conseil. Voici une procuration qui vous auto-
« rise de vous y présenter à ma place pour défendre
« mes intérêts; vous êtes mieux à portée qu'un autre
« de connaître la véritable situation de ce monsieur,
« qui me doit quatre cent cinquante mille francs.
« S'il était malheureux, ce que ni sa réputation, ni
« le faste de sa maison, ni sa conduite passée,
« ne fait présumer, mais ce qui est cependant pos-
« sible, il faudrait faire des sacrifices. S'il y a fri-
« ponnerie, je sais que vous serez sévère. Au reste,
« agissez comme pour vous, et croyez, mon ami, que
« si j'avais connu un plus honnête homme je lui eusse
« donné la préférence pour lui avoir cette obligation.
« Tout à vous.

« DABINS. »

Je ferai comme pour moi-même, sans doute. M. Rimper est mon débiteur de quatre cent cinquante mille francs d'un côté, et d'environ trois cent soixante mille de l'autre; ce qui porte mes créances à plus de huit cent mille francs. Je suis donc son plus fort créancier, et en cette qualité j'espère sauver les capitaux de mes deux amis. S'il est inexorable, je le serai aussi, et du moins pour cette fois la fortune ne sera pas la sauve-garde du crime.

FIN DU SECOND ACTE.

ACTE TROISIÈME.

SCÈNE Ire.

SAINVILLE, ADÈLE, CLARISSE.

SAINVILLE.

Je ne vous conseillerai jamais la désobéissance envers vos parens; mais il s'agit d'un objet de la plus haute importance.

CLARISSE.

M. Sainville a raison; l'on ne vous a ordonné de le fuir que quand il s'agirait de votre amour, et non d'affaires importantes.

ADÈLE.

Ah !...

CLARISSE.

Voilà un soupir de trop, et qui commence à enfreindre les ordres de madame votre mère.

ADÈLE.

C'est la première fois que je m'écarte de mes devoirs.

SAINVILLE.

Je devais vous instruire moi-même de la nécessité

où je suis de quitter cette maison, avant que l'on m'oblige d'en sortir d'une manière injurieuse à mon honneur.

ADÈLE.

Pourquoi vous éloigner d'Adèle, Monsieur? Vous resterez ici, et personne ne vous dira d'en sortir; ce serait un trop grand chagrin pour moi.

SAINVILLE.

Je n'en sortirai qu'à la dernière extrémité.

CLARISSE.

Voilà déjà un point d'obtenu.

SAINVILLE.

J'ai voulu prévenir les impressions défavorables que l'on tentera de vous inspirer contre moi si monsieur votre père persiste dans la double injustice qu'il commet à mon égard, et à braver les suites redoutables que des créanciers, qui n'auront aucune considération particulière, peuvent donner à sa conduite. Que j'abandonnerais volontiers ma fortune pour le détourner de l'abîme où Naudar veut l'entraîner! Mais tout conspire contre mon bonheur; mes sacrifices seraient sans fruit, M. Dermon étant obligé d'agir contre M. Rimper pour les intérêts de son ami Dabins. O Adèle! rien n'égale mon désespoir, que la vivacité de mon amour.

ADÈLE.

Je jugerai toujours votre cœur par le mien, et tout ce qu'on pourrait me dire de mal de vous serait parfaitement inutile.

CLARISSE.

Vous changez la conversation.

ADÈLE.

Sois persuadée, Clarisse, que mon amour n'est pas la seule chose qui m'occupe, et que j'ai consenti à parler à M. Sainville dans l'espérance d'obtenir de lui qu'il ne chagrinera pas mon père. M. Naudar est enfermé avec lui; espérons qu'ils changeront de résolution.

SAINVILLE.

Mon ami m'assure qu'avec de la fermeté je triompherai de mon rival; mais, quelle que soit l'issue de nos espérances, croyez, Adèle, que vos désirs guideront ma volonté.

ADÈLE.

Je vous promets de vaincre ma timidité et de conjurer mon père de ne pas faire mon malheur. Maman est absolue d'abord; mais elle est bonne, et se laissera fléchir.

CLARISSE.

Voilà une belle résolution! Songez, Mademoiselle, qu'on pourrait nous surprendre.

SAINVILLE.

Quoi! déjà vous retirer, Clarisse?

CLARISSE.

La principale occupation d'un confident c'est de veiller à ce que l'amant qu'il veut servir ne commette point d'imprudence.

ADÈLE.

Clarisse !

CLARISSE.

Vous verrez, Mademoiselle, que je serai forcée de vous faire apercevoir que la conversation sur les affaires d'importance est terminée, et que depuis quelques instans vous vous occupez de ce qui vous est défendu.

SAINVILLE.

Encore un moment.

CLARISSE.

Non, Monsieur.

ADÈLE.

Ah !

CLARISSE.

Voilà un adieu aussi expressif que le bonjour de tantôt. Allons, Mademoiselle.

SCÈNE II.

SAINVILLE.

Voir réduire ma fortune par un abus de confiance est le moindre coup pour moi ; mais perdre Adèle, la voir sacrifier à mon rival... Père cupide ! garde mon bien, et ne m'ôte pas tout espoir de bonheur.

SCÈNE III.

SAINVILLE, NAUDAR.

NAUDAR.

Enchanté du plaisir de vous rencontrer ici ; cela

vous évitera la peine de venir chez moi, et je serai toujours flatté que les circonstances me procurent les moyens de vous être agréable. Je viens de décider M. Rimper à vous traiter d'une manière qui prouve combien il est fâché de n'avoir pas réussi dans la malheureuse expédition où votre bien fut compromis.

SAINVILLE.

Je vous suis obligé de cette attention.

NAUDAR.

Je n'aime pas tout ce qui a l'air injuste. Madame, lui ai-je dit, jouit d'une belle fortune; elle a fait quelques épargnes, et il faut qu'elle vienne au secours de son mari.

SAINVILLE.

Vous avez fait là une action méritoire; les épargnes de madame Rimper sont sans doute considérables, et les créanciers doivent être bien rassurés!

NAUDAR.

Une épigramme! Tant mieux; j'aime l'esprit. Elle est bonne en apparence seulement, car il est vrai que madame Rimper donne cinquante mille écus pour appaiser les créanciers de son époux; ils ne veulent laisser aucun doute sur leur probité. Je ne crois pas que l'offre de quarante pour cent soit rejetée.

SAINVILLE.

Un tuteur est un père, et je m'en rapporte aux lumières du mien.

NAUDAR.

L'on vient de m'apprendre que M. Dermon défendait vos intérêts; mais j'aurai l'honneur de vous observer que vous n'êtes plus sous la tutelle.

SAINVILLE.

Si la loi m'autorise à me conduire d'après moi, la raison et la reconnaissance me commandent d'écouter les conseils d'un ancien ami qui m'a servi de père.

NAUDAR.

Ses principes de sévérité, car on le dit très-rigoriste, s'accordent mal avec la douceur de votre caractère, et sont condamnés par les gens qui connaissent le monde.

SAINVILLE.

Ils sont avoués par la vertu.

NAUDAR.

Oseriez-vous poursuivre M. Rimper, faire un affront cruel à un homme qui, pour être très-malheureux, ne cesse pas d'être respectable! Vous avez le cœur trop bon, l'âme trop bien placée pour lui manquer à ce point.

SAINVILLE.

L'on ne s'écarte pas des procédés honnêtes quand on se défend contre celui qui veut envahir votre fortune.

NAUDAR.

Le père d'Adèle!

SAINVILLE.

Dévorez mon bien; mais épargnez mon cœur.

NAUDAR.

Il ne faut pas renoncer à toute espérance.

SAINVILLE.

L'hymen d'Adèle avec le chevalier n'est-il pas arrêté ?

NAUDAR.

Les circonstances peuvent faire naître des obstacles. Si vous commenciez par accepter les propositions que l'on vous fait...

SAINVILLE.

Vous voulez me surprendre.

NAUDAR.

Jugez mieux de mes intentions.

SAINVILLE.

D'ailleurs tous les sacrifices que je pourrais faire seraient inutiles.

NAUDAR.

Hé pourquoi ?

SAINVILLE.

M. Dabins ne veut aucun accommodement.

NAUDAR.

M. Dabins m'a écrit qu'il partait pour Bordeaux, et qu'il laissait ses pouvoirs à un ami... Connaîtriez-vous ce procureur fondé ?

SAINVILLE.

Ce procureur fondé est M. Dermon.

NAUDAR.

Dermon!...

SAINVILLE.

Et si je le faisais consentir à adoucir ses justes prétentions en faveur de mes intérêts, il défendrait toujours ceux de son ami avec opiniâtreté.

NAUDAR.

J'avoue qu'il peut beaucoup contre mon client, et je vous crois trop sensible au malheur pour présumer que vous vous réunissiez à M. Dermon pour l'accabler.

SAINVILLE.

Je ne puis rien pour lui; mais vous, monsieur, qui avez de l'ascendant sur son esprit, cessez de le seconder, et tentez d'arrêter un éclat qui ne peut être que funeste. Derfel, que l'on juge aujourd'hui, et dans ce moment peut-être, vous offre un exemple terrible.

NAUDAR.

Derfel s'en tirera; il a de l'argent et de puissans protecteurs.

SAINVILLE.

Les nouvelles lois sont sévères contre cette espèce de délit dont le commerçant de mauvaise foi faisait un objet de spéculation, et quels que soient les protecteurs de Derfel, et malgré l'influence de son or, je doute qu'il échappe à l'œil perçant et impartial de la justice. Réfléchissez, Monsieur, aux résultats des poursuites, qu'il n'est pas en mon pouvoir d'arrêter, et qui seraient aussi nuisibles aux intérêts de M. Rimper qu'à votre réputation. Je reviendrai dans peu avec M. Dermon pour connaître votre dernière résolution ; elle déterminera le parti que nous aurons à prendre.

SCÈNE IV.

NAUDAR.

Dermon a les pouvoirs de Dabins! Cela me contrarie. Les réflexions de ce jeune homme m'ont frappé. Je crois bien que Derfel sera acquitté; mais on n'a pu le soustraire à un jugement, et son affaire présentait moins de difficulté que celle de Rimper. Les articles nécessaires pour faire figurer les pertes supposées sont bien passés dans le journal de mon client; mais les dates ne s'y suivent pas. Les ratures, les transpositions ne sont pas assez difficiles à découvrir. L'on pourrait intimider ou séduire le prête-nom des traites tirées de Hambourg, et sa seule déclaration nous compromettrait dangereusement. Dermon exigera sans doute l'acquittement en entier des créances dont il est le porteur, et peut-être poussera-t-il l'austérité jusqu'à prétendre que toutes les dettes soient payées. Si ma sûreté et mes intérêts m'obligent de céder, comment faire consentir Rimper à ce sacrifice? Il est vrai qu'il redoute les poursuites, et il n'a de la hardiesse que parce qu'il compte sur mon génie. Si les avantages que j'obtiendrai par la résistance étaient plus grands que ceux qui résulteraient de l'acquittement des dettes, je braverais l'orage ; mais s'il y a des risques à courir, sacrifions Rimper, et servons Sainville et Dermon, pour éviter un éclat qui porterait tort à ma réputation, et éloignerait de mon cabinet des cliens précieux qui, étant à peu près dans le même cas, m'ont confié leur cause.

SCÈNE V.

Mme RIMPER, NAUDAR, RIMPER.

Mme RIMPER.

Déjà de retour, monsieur Naudar !

RIMPER.

Cette précipitation nous annoncerait-elle quelque chose de fâcheux ?

NAUDAR.

Toujours rempli de zèle pour votre service, Madame, et dévoué aux intérêts de monsieur votre époux. Je ne suis pas sorti; j'ai rencontré M. Sainville ici.

RIMPER.

Vous aurez terminé? L'offre de quarante pour cent aura été trouvée raisonnable ?

NAUDAR.

Il serait possible, malgré l'opposition de Dermon, de faire consentir Sainville à nos propositions; il n'a parlé de vous qu'avec respect, et de Madame qu'avec le plus vif intérêt.

RIMPER.

Il était venu me prier de disposer de ses fonds avant de savoir qu'il fût compris dans mon bilan.

Mme RIMPER.

L'action est belle.

NAUDAR.

Et contraste singulièrement avec celle du chevalier. Mais ce n'est pas la dette de Sainville qui m'embarrasse le plus avec Dermon.

RIMPER.

Que peut-il pour les autres créanciers?

NAUDAR.

Nous sommes contrariés d'une étrange manière; tout semble se déchaîner contre nous dans cette circonstance; c'est Dermon qui a les pouvoirs de Dabins.

Mme RIMPER.

Dermon!

RIMPER.

Dermon!

NAUDAR.

Et presque tous les créanciers m'ont déclaré qu'ils prendraient la conduite de Dabins pour leur règle.

RIMPER.

Que pourra-t-il prétendre?

NAUDAR.

Les choses les plus violentes et les plus extraordinaires; l'acquittement de toutes les dettes.

Mme RIMPER.

Quel homme détestable!

NAUDAR.

Il faut prendre un parti promptement, car il ne serait plus temps demain de prévenir un éclat.

RIMPER.

Et quel parti? Se dépouiller entièrement, se voir ruiné sans ressource!

Mme RIMPER.

Réduire sa maison! Réformer son équipage! Non, Monsieur; je n'y consentirai jamais.

NAUDAR.

Je ne vous le propose pas, et rien n'arrêtera mon zèle et mon courage; mais je dois faire apercevoir toute l'étendue du danger, dans le cas où nous serions forcés d'en venir à une rupture ouverte avec Dermon. Les tribunaux sont d'une rigidité épouvantable : les registres de M. Rimper sont en règle pour des créanciers, qui n'examinent avec attention que les résultats; mais la justice a des yeux pénétrans; l'on nomme des experts adroits, qui s'aperçoivent des plus petites transpositions, des plus légères ratures. Les choses sont-elles assez bien voilées pour courir les risques d'une procédure? C'est très-douteux.

Mme RIMPER.

L'imprévoyance de Monsieur ruinerait donc mes enfans, et nous plongerait dans un état de médiocrité insupportable!

RIMPER.

Il ne s'agit pas, Madame, de m'adresser des reproches déplacés : je ferai tête à l'orage; rien ne pourra me déterminer à abandonner ainsi mon bien. Monsieur Naudar, préparez-vous à la défense. Tout payer!... Dermon, homme barbare!... Si vous manquez de fermeté, j'en aurai pour vous. Tout payer! cela me révolte.

NAUDAR.

Je partage votre indignation et votre fermeté. Il n'y a pas de punition plus forte, de tourment plus cruel que de renoncer à l'argent que l'on croyait pouvoir s'approprier avec sûreté. Mais l'exemple de Derfel est frappant.

Mme RIMPER.

Derfel a de grands protecteurs.

RIMPER.

Il a beaucoup d'or.

Mme RIMPER.

Il sera absous.

RIMPER.

Acquitté d'une voix.

NAUDAR.

Je le souhaite; je le crois même. Mais il est très-prudent de tenter tous les moyens pour terminer promptement.

RIMPER.

Je me confie à vos lumières et vous laisse le maître

de proposer à Dermon les conditions que vous jugerez propres à le calmer, même de faire disparaître la dette de Sainville du bilan et de la lui assurer.

Mme RIMPER.

Songez, M. Naudar, que la prospérité de ma famille dépend du résultat de cet arrangement, et qu'il faut braver et surmonter tous les obstacles.

NAUDAR.

Ne prenez pas mes observations pour de la faiblesse. Je tiendrai bien un autre langage à Dermon; mais la prudence et la politique sont les qualités qui doivent servir de boussole aux gens de ma profession.

RIMPER.

Je compte sur le fruit de ce dérangement pour la dot de ma fille.

Mme RIMPER.

Le chevalier ne recherche pas la richesse.

NAUDAR.

Vous pourriez vous abuser.

Mme RIMPER.

Vous trouviez ce matin cet hymen des plus avantageux.

NAUDAR.

Je ne le blâme pas; mais les offres intéressées que le chevalier a faites à M. Rimper me font craindre que, si vous étiez dans un état moins brillant, il ne recherchât pas votre alliance.

RIMPER.

Le chevalier est orgueilleux.

NAUDAR.

Il serait possible que la délicatesse de la conduite de Sainville eût porté tort au chevalier dans le cœur d'Adèle.

Mme RIMPER.

Vous ne rendez pas justice au chevalier.

NAUDAR.

Ne voyez dans mes sollicitudes que le désir bien vif de savoir heureux tous ceux qui tiennent à vous. Mais occupons-nous de l'objet qui presse le plus, celui de nous soustraire à la rigidité de Dermon sans que les tribunaux s'en mêlent.

SCÈNE VI.

LES PRÉCÉDENS, ADÈLE, CLARISSE.

ADÈLE.

Pardonnez à votre fille, mon père, la témérité qu'elle a de vous troubler; c'est la crainte qui lui donne cette hardiesse. J'implore la bonté de votre cœur; j'implore aussi la tienne, ma bonne maman : ne me forcez pas à devenir l'épouse du chevalier; vous ne voudrez pas rendre votre Adèle malheureuse !

RIMPER.

Ma fille, je ne veux pas ton malheur.

Mme RIMPER.

Vous m'étonnez, mademoiselle ; il faut que vous comptiez beaucoup sur l'indulgence de vos parens pour que vous hasardiez une pareille démarche.

RIMPER.

Ne la grondez pas.

NAUDAR.

Voilà ce que je prévoyais.

SCÈNE VII.

LES PRÉCÉDENS, LE CHEVALIER.

LE CHEVALIER.

Vous trouvant rassemblés, je présume que la principale affaire est terminée au gré de vos souhaits, et je vous en félicite. Vous connaissez la nouvelle du jour ; l'on juge Derfel dans ce moment : les uns blâment son imprévoyance ; les plus sévères l'accusent d'improbité ; tout le monde s'étonne de la rigueur du tribunal envers lui ; mais les bons esprits pensent qu'il doit être absous. Que j'admire votre prudence, M. Rimper ! Vos précautions étaient mieux prises.

RIMPER.

Votre comparaison est désobligeante, monsieur le chevalier.

Mme RIMPER.

Elle est au moins déplacée.

LE CHEVALIER.

Je suis loin de vouloir vous désobliger. Maintenant que tout est arrangé, il faut fixer le jour de mon bonheur.

NAUDAR.

Sainville et Dermon s'approchent; soyez calme et ferme.

SCÈNE VIII.

LES PRÉCÉDENS, DERMON, SAINVILLE.

DERMON.

Nous venons pour connaître votre dernière résolution.

RIMPER, à part.

Je ne puis le voir sans émotion.

Mme RIMPER, à part.

La présence de Dermon me trouble.

NAUDAR.

Monsieur Sainville doit vous avoir dit que Madame venait au secours de son mari, et qu'elle donnait cinquante mille écus. Le procédé est noble.

LE CHEVALIER, à part.

Tout n'est pas terminé.

9

DERMON.

Mais cinquante mille écus pris dans la caisse de Madame ou dans celle de Monsieur suffiront-ils pour acquitter toutes les dettes?

NAUDAR.

Je pense qu'il n'y a pas un créancier qui refuse quarante pour cent.

Mme RIMPER.

Il serait bien difficile.

RIMPER.

Voit-on beaucoup de négocians qui, dans ma pénible position, aient la délicatesse de les offrir?

LE CHEVALIER.

C'est très-généreux.

DERMON.

Cet excès de probité est rare, et cette proposition est très-libérale; mais je connais deux de vos créanciers qui auront la cruauté de les refuser; le premier est Sainville, qui va porter une plainte contre M. Rimper en abus de confiance et en violation de dépôt.

Mme RIMPER.

Monsieur s'oublierait à ce point!

SAINVILLE.

Mon cœur est déchiré. Je sais que mon ami agit pour mon avantage; mais je suis certain qu'il ne me blâmera pas de renouveler l'offre que j'ai faite à M. Rimper : servez-vous de ma fortune pour arranger vos affaires, et je vous l'abandonne avec joie.

ADÈLE à Clarisse.

J'étais sûre de sa générosité.

CLARISSE.

Le bon jeune homme!

RIMPER.

Vous ne prétendez pas m'imposer une obligation?

SAINVILLE.

Disposez de mon bien, Monsieur; quelle que soit la force de mes sentimens pour votre aimable fille, je suis loin de vouloir l'obtenir à la faveur d'une action qui n'a d'autre source que mon désintéressement.

LE CHEVALIER, à part.

Il est fier.

DERMON.

Je juge ce qui se passe dans votre cœur; votre générosité vous rend plus digne de mon estime, et excite mon zèle pour mettre en œuvre tout ce qui pourra lui faire obtenir la récompense qu'elle mérite : j'ai vos pouvoirs, et j'agirai.

NAUDAR.

Contre les intentions de Monsieur ?

DERMON.

Vous ne parviendrez pas à altérer la confiance que Sainville a en moi.

ADÈLE, bas.

Je tremble.

DERMON.

Quant à Dabins, je n'ai pas de contrariétés à éprouver ; voici ses pouvoirs.

NAUDAR, après avoir lu.

C'est parfaitement en règle : mais vous n'abuserez pas de votre avantage ; je sais que votre conduite aura beaucoup d'influence sur celle des autres créanciers.

DERMON.

Ils sont venus chez moi. Des malheureux, des artisans utiles et estimables, qui ont fourni leurs marchandises et leur travail, les réduire à la misère pour s'approprier leurs dépouilles ! Morbleu, Monsieur, je veux qu'on les paie en entier.

NAUDAR à Rimper.

Il faut user de la dernière ressource.

RIMPER à Naudar.

Faites pour le mieux.

NAUDAR à Dermon.

Je ne vous proposerai pas de désintéresser M. Sainville des fonds destinés aux créanciers; ce serait une action qui répugnerait à votre conscience et à ma délicatesse; mais si Madame, maîtresse de sa fortune, se laissait persuader de le payer sans lui faire perdre la plus petite chose, ne consentiriez-vous pas à faire un sacrifice pour Dabins, et laisser les autres créanciers se défendre eux-mêmes?

DERMON.

Le piége est grossier; ne pouvant me faire votre dupe, vous voulez me rendre votre complice.

NAUDAR.

Je défends mon client; c'est mon devoir.

LE CHEVALIER.

C'est très-bien.

DERMON.

Votre proposition m'indigne. Vous osez parler de

vos devoirs! Le devoir d'un avocat qui est pénétré de la noblesse de ses fonctions, qui sait en apprécier la sainteté, est d'éloigner de son cabinet les cliens dont les vues sont coupables, s'il ne peut les détourner du mal qu'ils veulent faire; quand il les seconde il devient leur complice, et devrait être puni comme tel.

NAUDAR.

Vos expressions sont dures, Monsieur! Je ne pense pas que mon client soit dans la classe de ceux qu'on doit chasser.

Mme RIMPER.

Cet homme est intraitable.

DERMON.

N'ayez pas recours au mensonge. Depuis longtemps vous dirigez Monsieur; déjà vous l'avez servi dans de pareilles affaires, et peut-être sans vous, sans vos dangereux conseils, il serait sans reproches et heureux dans son commerce.

RIMPER.

Je n'ai pas la force de lui répondre.

LE CHEVALIER, à part.

Quel être audacieux!

DERMON.

Les livres sont en votre pouvoir : on les examinera;

l'on verra si vos précautions sont bien prises, et si vous en imposerez à la justice comme à vos créanciers.

Mme RIMPER.

Il a décidé notre ruine.

NAUDAR.

Je suis étranger aux écritures; je n'ai dressé que le bilan.

LE CHEVALIER, à part.

Il faiblit; ceci n'est pas clair.

DERMON.

Vous n'êtes étranger en rien dans la conduite de votre client; c'est vous qui l'avez toujours conseillé, et c'est vous qui devez le déterminer à réparer ses torts. Il faut que Sainville, Dabins et les autres créanciers soient payés sans retenue. Tremblez du sort de Derfel : ce négociant, qui croyait par sa longue expérience, par le grand bruit qu'il faisait dans le monde, et ses importans protecteurs, échapper aux regards de la justice, vient d'être condamné à la peine infamante portée par la loi contre le banqueroutier frauduleux, et il n'avait pas d'époques flétrissantes sur son compte.

NAUDAR.

Condamné!

Mme RIMPER.

Condamné!

RIMPER.

Condamné!

LE CHEVALIER.

Condamné!

DERMON.

Oui, condamné. Il en est temps encore; rentrez en vous-mêmes; faites taire l'ambition qui vous a égarés : voyez cet homme, jadis opulent, insultant par son luxe les personnes crédules, dont il abusait de la confiance, exposé aux regards et aux outrages de la multitude; figurez-vous sa contenance incertaine; appréciez sa confusion et sa douleur quand on le flétrira à jamais aux yeux d'une ville immense, indignée de son crime. Vous frémissez... Ah! ce ne sera pas la crainte; ce sera le repentir qui vous rappellera à vos devoirs. Si vous résistez, redoutez le sort qui vous est réservé; le glaive de la loi est suspendu sur vos têtes; il est prêt à vous frapper.

RIMPER.

Je suis consterné.

Mme RIMPER.

La crainte me saisit.

NAUDAR à Rimper.

Il est prudent de céder.

LE CHEVALIER.

Il faut réussir; c'est à l'or que l'on accorde de la considération, n'importe comment il est acquis.

DERMON.

Voilà l'affreuse maxime d'où découlent les crimes qui nous étonnent chaque jour; voilà pourquoi nos tribunaux retentissent d'accusations, de banqueroutes frauduleuses et de faux, la plupart faits par des jeunes gens sans expérience, instrumens malheureux et coupables de l'homme criminel et prévoyant, vil auteur de la corruption d'un être intéressant, qui, sans ses perfides suggestions, eût fait le bonheur de sa famille et honoré l'humanité.

LE CHEVALIER.

Ces principes guident la conduite de ceux qui veulent avoir du crédit dans le monde.

DERMON.

Ces principes de perversité viendront se briser contre l'édifice des lois. L'indifférence, le blâme même que ceux qui les professent manifestent pour Derfel, l'indignation et le mépris de tous les gens de bien qui l'accablent, doivent être bien éloquens dans cette circonstance.

NAUDAR à Rimper.

Le plus prudent c'est de souscrire aux conditions que l'on nous impose; il n'y a point de sûreté dans la résistance.

Mme RIMPER.

Cet exemple est terrible; il m'épouvante : il faut

se résoudre, quoi qu'il puisse m'en coûter, à porter la peine de votre imprévoyance.

RIMPER.

(Bas.) (A Naudar.)

L'image de Derfel exposé me poursuit. Je m'abandonne à vous.

NAUDAR.

M. Rimper ne craint rien ; mais il est décidé à solder ses créanciers ; il aime mieux réduire sa fortune que de s'exposer à des soupçons injurieux.

DERMON.

Je vous en félicite, M. Rimper.

RIMPER.

Je vous suis obligé, Monsieur.

CLARISSE à Adèle.

Rassurez-vous, Mademoiselle ; vous n'aurez pas le chevalier pour époux.

ADÈLE.

Que j'aime à te croire !

LE CHEVALIER.

Cette décision me paraît précipitée, imprudente même. (A Naudar.) La fortune en souffre-t-elle beaucoup?

NAUDAR.

Elle est réduite des deux tiers.

LE CHEVALIER.

Quel contre-temps !

DERMON à Sainville.

Ne perdez pas l'espérance, mon ami.

SAINVILLE.

Je suis dans une agitation cruelle.

Mme RIMPER, à part.

Le chevalier est d'une froideur humiliante.

LE CHEVALIER.

Je vois que les circonstances commandent des réflexions. Le peu d'empressement de Mademoiselle me paraît exiger qu'elle se consulte mieux, et il faudrait, auparavant de fixer...

Mme RIMPER.

Il faudrait vous retirer, Monsieur.

RIMPER.

Oui, Monsieur, vous retirer.

CLARISSE.

Ceci finira mieux que ce que je croyais.

LE CHEVALIER.

C'est la première fois que je me laisse prévenir, et c'est un tort que j'ai à me reprocher. (Il sort.)

SCÈNE IX ET DERNIÈRE.

LES PRÉCÉDENS, excepté LE CHEVALIER.

SAINVILLE.

Je ne vous demande point la dot de votre fille; consentez à ma félicité, Monsieur, et cette journée, que je croyais la plus malheureuse de ma vie, en sera la plus fortunée.

DERMON.

Je ne suis pas riche; je possède douze mille francs de rente; je n'ai que des parens très-éloignés qui sont opulens, et que je n'ai jamais vus : j'assure mon bien à Sainville.

SAINVILLE.

Comment vous exprimer ma reconnaissance?

DERMON.

En acceptant, mon ami. M. Rimper, que vos biens répondent du capital de Sainville, et continuez de le garder. Quant à la dot, j'aime le désintéressement de mon jeune ami, et je le partage; vous en dicterez les conditions; elles sont approuvées d'avance. Je viens d'obtenir pour Sainville une lieutenance dans le trente-quatrième régiment, qui est commandé par un de ces guerriers intrépides et sages qui illustrent leur patrie.

ADÈLE.

O ciel !

SAINVILLE à Dermon.

Que de bontés !

DERMON.

Le ministre de la Guerre, qui m'honore de son estime, le place auprès d'un général, et le lui recommande fortement.

ADÈLE.

Ah !

DERMON.

Unissez ces jeunes gens, si bien assortis par la douceur de leur caractère, et vous aurez bientôt la récompense du parti que vous venez de prendre.

NAUDAR.

Cet hymen est convenable, avantageux même, (A Rimper.) puisque vous ne serez pas obligé de vous priver de vos capitaux.

Mme RIMPER.

La carrière que Sainville va parcourir le rend plus recommandable.

RIMPER.

(A Mme Rimper.) Si nous sommes frustrés dans nos espérances, faisons le bonheur de notre fille. (Haut) Je donne mon consentement.

Mme RIMPER.

J'y joins le mien.

ADÈLE embrasse Mme Rimper.

Ma bonne maman!

CLARISSE.

Vivat! la victoire est à nous.

SAINVILLE.

Vous me rendez la vie, et croyez que rien n'égalera ma reconnaissance que mon respect.

NAUDAR.

Messieurs, agréez mon sincère compliment.

DERMON.

Je ne doute pas que vous n'ayiez puissamment contribué au changement qui vient de s'opérer, et je ne veux point approfondir les motifs qui vous y ont déterminé; mais n'oubliez jamais que les conseils pernicieux sont la source des actions criminelles qui déshonorent la société.

FIN.